커리어 브랜딩 글쓰기

Career

커리어 브랜딩 글쓰기

Branding

이진선 지음

Writing

위즈덤하우스

"나를 알린다는 건 나를 잘 지키고 싶다는 것."

커리어 브랜딩은 퍼스널 브랜딩과 다르다. 흔히 브랜딩을 자기 홍보로만 여기지만, 커리어 브랜딩은 나 → 조직 → 업계로 나아가며 사회적 존재감을 구축하는 데 초점을 맞춘다. 이 책은 커리어, 브랜딩, 글쓰기를 아우르는 실천적 가이드북이며, 동시에 이 세 가지를 둘러싼 오래된 고정관념에 도전하는 관점을 제시한다.

이 책에서는 커리어 브랜딩을 자기발견, 기획, 실전 글쓰기의 3단계로 설명할 것이다.

첫 단계는 '자기발견'이다. 자기 역사 연표, 커리어 타임라인, 전문성 차트 등 다양한 워크시트를 활용해 독자가 직접 실습할 수 있도록 돕는다. 자신의 커리어 지향성을 파악하고, 일의 철학을 세울 수 있다. 이 과정에서 가장 중요한 건 셀프-스토리텔링이다. 단순한 이력 나열이 아니라, 경험을 의미 있는 서사로 재해석하는 관점을 익힌다. 이는 이후 모든 단계의 밑바탕이 된다.

자기발견은 자신을 다른 시각에서 보고, 반복해서 사유하도록 이끈다. 그렇게 깊이 들여다볼수록 익숙한 자기 모습이 처음 보는 듯 신선하게 느껴지는 순간을 마주하게 된다. 디자이너 하라 켄야はらけんや는 그의 저서 『백白』에서 이러한 현상을 '미지화未知化'라 말했다.

두 번째 단계는 '기획'이다. 전문성을 어떻게 표현할지 전략적으로 설계한다. 브랜딩의 핵심은 연속성에 있다. 산발적인 글쓰기가 아닌 시리즈형 글쓰기를 통해 '주제 있는 사람'으로 거듭난다. 이를 위해 온라인 채널의 특성을 이해하고, 필요한 만큼의 리서치를 하며, 롤모델을 분석하는 방법을 다룬다.

마지막 단계는 '실전 글쓰기'다. 짧은 글부터 시작해 점진적으로 긴 글로 확장하는 연습을 한다. 더불어 가독성과 효율성을 높이기 위한 여러 글쓰기 기법을 익힌다. 마침내 자기만의 커리어 포트폴리오를 완성하는 것이다.

커리어 브랜딩에서 글은 목적이 아닌 수단이다. 보이지 않는 내면의 자원을 가시화하고 자산화한다. 더 정확히 말하면, 글을 쓴다는 건 암묵지(暗默知, Tacit Knowledge)를 명시지(明示知, Explicit Knowledge)로 전환하는 행위다.

암묵지는 경험과 직관을 통해 체득한 지식이다. 말이나 글로 쉽게 표현하기 어려운 성질을 가진다. 반면, 명시지는 문서화되거나 체계적으로 정리된 지식이다. 누구나 접근하고 활용할 수 있도록 구조화된 형태를 가진다.

사람들은 모두 암묵지를 갖고 있지만, 이를 명확히 표현하거나 타인에게 가르치는 데 어려움을 겪는다. 명시지로 가공하지 않았기 때문이다. 명시지는 시간과 공간의 제약을 넘어 많은 사람에게 도달할 수 있는 확장성을 지니고 있다.

그런 측면에서 커리어 브랜딩을 위한 글쓰기는 단지 재미나 습관으로 쓰는 기록 이상의 의미를 갖는다. 또한 자기표현이나 내면 치유를 위한 글쓰기와도 구분된다. 경험과 지식을 정리하고 의미를 부여하는 고도의 지적 활동이기 때문이다. 이를 통해 자신이 알고 있는 것을 더욱 명확히 이해하게 되며, 동시에 타인과 공유할 수 있는 자산으로 변환할 수 있다. 글로 꾸린 커리어 포트폴리오는 자기 증명의 가장 효과적인 도구다.

실천형 자기계발 서비스를 공동 창업해 2년 동안 운영한 경험이 있다. 글쓰기를 기반으로 100여 개의 교육 프로그램을 만들었다. 초등학생부터 60대까지 다양한 연령대의 사람들이 참여했다. 기획자, 마케터, 엔지니어 등 여러 직군의 사람들과 대화를 나누고, 대기업, 스타트업, 1인 기업 종사자들과 어울리면서 학생, 사회초년생, 경력 단절 여성 등 다양한 상황에 처한 사람들과 마주하며 알게 된 공통점이 있다. 자신을 제대로 이해하지 못한 채 미래에 대한 막연한 불안을 안고 산다는 점이다.

'나는 누구인가? 나의 일은 무엇인가? 언제까지 일할 수 있을까?'

직업과 연차를 막론하고 일하는 모든 사람이 반복하는 고민이다. 10년 전 내가 했던 고민과 시행착오가, 기술이 발전하고 세대가 바뀌어도 여전히 반복된다는 사실은 언제나 나를 답답하게 만든다. 하지만 말로 전하는 지식은 발화하는 순간 증발하고, 앞에 있는 한 명의 청자에게만 닿을 뿐이다. 이것이 책을 쓰게 된 가장 근원적인 동기다.

효율과 효과를 중시하는 이들에게 명확한 방법론을 제시하고 싶었다. 향상심이 있는 사람, 전문가로 거듭나고 싶은 사람, 평생 현역으로 커리어를 이어가고 싶은 사람에게 이 책은 실질적인 안내서가 될 것이다. 저마다의 현장에서 홀로 각개전투 중인 수많은 '또 다른 나'에게 이 책을 보낸다. 이제, 당신이 가진 경험과 지식과 사유를 글로 남길 차례다.

목차

Part 3.

커리어 브랜딩 2단계_나를 기획하기

Part 4.

커리어 브랜딩 3단계_ 나를 알리는 글쓰기

#부록 바로가기

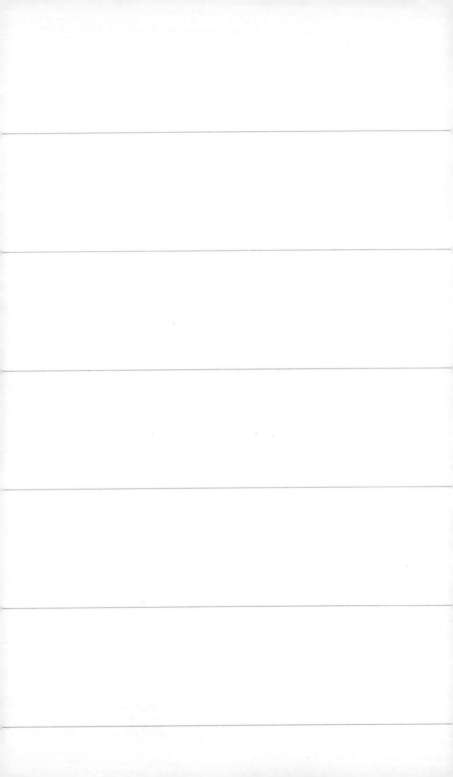

Part 1.

커리어 브랜딩은 '존재감'으로부터 시작한다

01

월급 50만 원으로 시작한 첫 커리어

사회 부적응자. 20대 내내 나 자신을 그렇게 여겼다.

첫 회사는 부부가 경영하는 자판기 회사였다. 갓 스무 살이 되자마자 직원 네 명으로 구성된 아주 작은 조직에 월급 50만 원짜리 경리로 입사했다. 고등학교 졸업식을 하기도 전에 교복을 입고 면접을 보러 갔던 기억이 난다. 나는 디자이너가 되고 싶었고, 미술학원을 다닐 만큼만 벌면 된다고 생각했다.

출근 시간 30분 전에 직원들의 책상을 닦고 커피를 타는 것이 첫 업무였다. 직원 중 한 명이 커피가 너무 진하다며 다음부터는 연하게 타달라고 했다. 커피가 너무 쓰니 우유를 더 넣어달라는 뜻이라고 생각했다. 그런데 다음 날도 그다음 날도 같은 말을 들었다. 물을 더 넣어 묽게 해달라는 의미라는 것을 며

칠이 지나서야 깨달았다. 나는 그 정도로 말귀를 못 알아들었다. 은행 심부름 역시 주 업무였다. 내일 당장 막아야 하는 어음 때문에 수표를 은행에 가져다주게 됐다. 거액의 수표를 통장에 끼우고 은행으로 갔다. 은행원에게 통장을 내밀었을 때 수표는 없었다. CCTV를 확인해도 찾을 수 없어 한바탕 난리가 났다. 다행히 길에 떨어진 수표를 누군가가 찾아주었는데, 상황이 정리되자 대표의 아내가 으름장을 놓으며 말했다.

"다행인 줄 알아. 너 평생 월급도 못 받으면서 노예처럼 일할 뻔했어."

세상 물정 모르는 나는 나약했고 두려웠다. 까마득히 오래전에 있었던 일이지만 아직까지도 문득 그 장면이 떠오른다.

20년 전의 나에게 해주고 싶은 말들

스무 살이 되자마자 취업을 한 이유는 디자이너가 되고 싶었기 때문이다. 그렇지만 학원을 다닐 수 있는 형편이 아니어서 10대에는 그림을 배우지 못했다. 학원비를 벌면서 그림을 배워 스무세 살에 대학에 갔다. 어려서부터 디자이너가 되고 싶었던 나에게 '성공'이란 디자인 대학에 가서, 디자인 회사에 취업한 다음, 크고 유명한 회사로 이직해서, 월급을 많이 받고 유명해지는 것이었다. 그때까지 이와 다른 방식으로 성공한 사람을 본 적도, 들은 적도 없었다. 진로에 대해 상의하거나 조언을 구할 사람이 없었다. 내게 선택지는 단 하나였다. 어떻게든 디자인 대학에 입학하는 것. 그렇게 3년을 보냈다.

> '만약 지금의 내가 그때의 나를 만난다면 어떤 말을 해줄 수 있을까? 미래를 살아본 어른으로서 들려줘야 할 이야기는 무엇일까?'

종종 이런 질문을 던진다. 과거에 상상한 커리어와 실제로 만들어온 커리어가 완전히 다르기 때문이다. 처음 예상한 대로 디자인 대학을 간 후 디자인 전문 회사에 입사하긴 했지만, 그 이후 크고 유명한 회사를 다녀본 적은 없다. 회사에서 대단한 연봉을 받거나, 누구나 들으면 알 만한 디자인 프로젝트를 경험해본 적도 없다. 어쩌면 내 삶은 실패한 인생일지도 모른다. 과연 그럴까?

사람은 아는 만큼 상상한다. 자기 세계관의 크기만큼 세상을 본다. 딱 몸의 부피만큼의 세상, 그 속에 살던 내 상상력은 몹시 빈약했다. 그래서 많은 사람이 표준으로 삼으며 소위 '안정적'이라고 말하는 커리어를 내 기준으로 삼았다. 다른 선택지가 없으니 입시를 준비하는 몇 년 동안 이렇게 하는 게 맞는지 모르겠다는 답답함, 미래가 없을 것 같은 두려움, 더 이상 뭘 더 해야 하는가에 대한 막막함에 시달렸다.

일을 너무 못해서, 적성과 맞지 않는 일을 해서, 출구 없는 긴 터널 속에 있어서 힘든 시기가 있었다고 말하면 사람들은 지금의 내 모습을 보면 도저히 상상이 되지 않는다며 고개를 갸우뚱한다. 월급 50만 원짜리 경리로 일하면서 3년 동안 입시 생활을 하던 내가, 세월이 흘러 프리랜서 디자이너로 일하며 직장인 월급보다 많이 벌고, 출간 작가가 되고, 스타트업을 공동 창업했다. 역시 가보지 않으면 알 수 없는 것이 커리어 여정이다.

이제 나는 안다.

우리는 모두가 예상할 수 없는 미래를 향해 나아가지만

그럼에도 불구하고 커리어 도약을 이루기 위해

갖춰야만 하는 단 하나, 원씽One Thing이 있다는 사실을.

02

존재감 제로일수록 글쓰기로 나를 알려야 한다

어느 날 팀 매니저가 다급히 달려왔다.

"진선 씨, 이게 무슨 일이야? 글을 쓰고 있어?"

"네? 갑자기 그게 무슨…"

"이사님이 전화로 진선 씨가 글을 쓰고 있는 게 맞는지 물어보셨어."

정식으로 블로그를 시작한 게 2019년이다. 글을 써야겠다는 다짐만 10년 넘게 하다가 커뮤니티 활동을 하면서 마침내 글을 쓰게 됐다. '사수 없이 일하며 성장하는 법'이라는 주제로 글을 연재했는데 그중 〈실력은 연차와 비례하지 않는다〉가 포털 추천글로 선정되어 많은 사람들에게 공유됐다. 이 글을 당시에 내가 다니던 회사의 이사님이 우연히 본 것이다.

이사님은 이 정도의 글을 쓰는 사람이라면 무조건 스카우트해야 한다고, 정 안 되면 사내 강연이라도 부탁해야 한다고 생각했다. 그래서 연락처를 찾다가 블로그 프로필에 연결해둔 내 포트폴리오를 보게 되었는데, 우리 회사 프로젝트들이 있어서 그제야 회사 직원이라는 걸 깨달았다고 한다. 팀 매니저에게 전화해 이 글을 쓴 사람이 우리 회사에 다니는 그 디자이너가 맞는지 질문 세례를 한 이유다. 하루 만에 내가 글을 쓰고 있다는 소식이 전 직원에게 알려졌다. 갑작스러운 상황에 매니저도 나도 당황했다. 다음 날 대표님이 따로 불러 점심을 사주셨다. 사수가 없어서 처음 사업을 시작할 때 책으로 많이 배웠다며 내 글에 공감한다고 말씀하셨다. 독자로서 글을 읽고 전해주시는 소감이 인상적이었다. 그런데 사실은 그보다 더 기억에 남는 말이 있었다.

> "예전에는 디자이너를 볼 때 겉보기에 화려한
> 포트폴리오만 눈에 들어왔는데, 이제는 상황을
> 이해하는 능력이 더 중요하다고 느끼고 있어요.
> 생각하는 능력을 가진 디자이너를 찾는 게
> 쉽지 않더군요. 있을 때 잘해야 한다는 생각이
> 들었습니다."

블로그에는 내 이름이 있다. 그렇지만 이사님은 이름을 보고도 나라고 생각하지 못했다. 이미 재직 중인데 스카우트해야 한다는 생각을 했다는 것이 웃어야 할지 울어야 할지 알 수 없는 아이러니였다. 4년이나 재직했는데 이제야 내가 어떤 디자이너인지 알게 됐다는 대표님의 말 역시 감사하면서도 동시에 서글펐다. 그 정도로 조직 안에서 존재감이 없었다는 의미이기 때문이다.

온라인 글쓰기는 업계 사람들이 내 이름을 알게 하는 계기가 됐다. 지나가던 직장 동료가 슬쩍 다가와 "팬입니다"라고 말하거나, 오래전에 같이 일한 후배가 상사에게서 내 글을 추천받았다며 연락하기도 했다. 처음 간 모임에서 나를 이미 알고 있는 사람들이 다가와 인사해서 놀란 적도 여러 번이다. 먼저 다가가지 않아도 사람들이 말을 걸어오는 건 내 삶에 없던 신기한 경험이었다.

내향인일수록 글을 써야 하는 이유

나는 내향인이다. 정식 MBTI 검사에서 내향성 점수가 만점이 나온 슈퍼 내향인. 여러 사람이 모인 공간, 시끌벅적한 모임, 의미 없이 나누는 스몰토크를 어려워한다. 언제나 조용히 한발 물러서서 상황을 지켜보는 성향이기에 앞에 나서서 성과를 드러내지 못한다. 사람들은 몰랐다. 내가 얼마나 열심히 일하는

지 그리고 얼마나 잘하는지. 한때는 묵묵히 맡은 일을 열심히 하다 보면 언젠가 자연스럽게 알아줄 거라 생각했다. 그렇지만 조용한 사람은 자칫 과소평가당하고 뒤로 밀려나기 마련이다.

내향인이 말수가 적은 이유는 무엇일까? 내향인은 흔히 개인적 관계 속에 있을 때와 사회적 관계 속에 있을 때 다른 모습을 보인다. 저마다 다른 이유가 있겠지만 많은 경우 말의 즉흥성 때문이다. 상대방이 말을 할 때 중간에 끼어들지 못한다. 반대로 누군가 내 말을 도중에 끊고 들어오면 방어하지 못하고 하던 말을 멈춘다. 갑작스럽게 생각해보지 않은 주제에 대한 질문을 받으면 머릿속이 복잡해진다.

내향인은 내향인의 속도가 있다. 누군가는 말하면서 생각하지만 누군가는 생각하고 나서 말한다. 다 같이 모여 기탄없이 의견을 주고받는 토론 방식이 '좋은 것, 일을 잘하는 것'으로 여겨지지만, 이렇게 즉흥성이 높고, 빠른 속도의 대화 방식은 내향인에게는 꽤 도전적이다. 말하는 사람이 아닌 듣는 사람이 되는 것을 선택하게 만든다. 내향인이라면 누구나 한 번쯤 '말을 잘하고 싶다'라는 생각을 해봤을 것이다. 조용하다고 해서 하고 싶은 말이 없는 것이 아니다.

내향인일수록 글을 써야 하는 이유가 여기에 있다. 사회적 관계 안에서 이루어지는 커뮤니케이션의 방식은 단지 '말'만 있는 것이 아니다. 글은 자기 속도에 맞게 생각을 완전히 정리한 다음, 그리고 타인의 말에 끼어들지 않고서도 생각을 표현할 수 있다.

『혼자가 편한 사람들』의 저자 도리스 메르틴Doris Martin은 내향인의 특성으로 본질에 집중하는 능력, 성찰력, 장기적 안목, 신중함, 겸손함, 차분함을 언급했다. 누구에게나 열려 있는 온라인 네트워크가 보편화된 오늘날, 내향인은 글을 통해 자기 강점을 애써 감추지 않고 더 많은 사람에게 자신을 알릴 수 있는 기회를 알아볼 필요가 있다.

03

내 분야에서 존재감을 가진다는 것

일을 잘하는 것만으로는 넘을 수 없는 벽

1980년대에 드라이퍼스 형제는 고도로 숙련된 전문가를 관찰해 기술을 습득하는 과정을 연구했다. 그들이 제시한 5단계 기능 습득 모델을 '드라이퍼스 모델(Dreyfus model of skill acquisition)'이라 부른다. 다음 장의 도표는 한 분야의 사람들이 단계마다 얼마나 분포해 있는지 보여준다. 보다시피 2단계 고급입문자 단계에 머무는 사람들이 압도적으로 많다. 대다수의 사람들이 평생 일해도 고작 2단계 수준에만 머물다가 은퇴한다는 의미다. 이는 그저 오래 일한다고 해서 전문가가 되는 것이 아니라는 통찰을 준다.

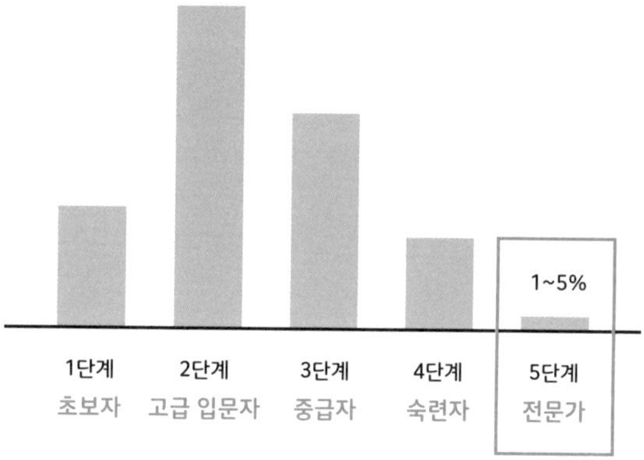

대략적인 드라이퍼스 모델 단계별 분포도

그런데 나는 이 도표를 처음 봤을 때 다른 특이점에 더 주목했다. 그것은 바로 5단계의 전문가가 고작 1~5%밖에 없다는 사실이다. 도표를 잘 보면 1단계에서 2단계로 넘어갈 때 급격히 분포율이 높아졌다가 3단계, 4단계로 넘어갈 때는 대략 절반씩 줄어든다. 그런데 숙련자에서 전문가로 넘어가는 단계에서만 급격히 그 수가 줄어드는 이유는 무엇일까? 백 명 중에 고작 한 명만 전문가라니. 그렇게 생각하고 보니 아무리 봐도 나는 결코 전문가가 아니었다.

일에서 어려움이 사라지고 먹고살 만큼 돈도 벌게 되었지만 '그래서 다음은 뭐지?'라는 생각이 머릿속을 떠나지 않았다. 일 잘하는 사람이 되자는 목표만 바라보며 달려오다가 넘을 수 없는 벽을 만났다. 전문가 단계로 도약한다는 것의 의미를 알고 싶었다. 커리어 정체기에 빠졌다.

'나는 왜 하나의 직무로 10년을 일했어도 숙련자 단계에 머무를 수밖에 없을까?'

일을 잘하는 것만으로는 풀 수 없는 물음표를 간직한 채로 몇 년을 보냈다.

상위 1% 전문가를 만드는 원씽, '존재감'

소프트웨어 장인 협회(LSCC)를 설립한 산드로 만쿠소Sandro Mancuso는 저서 『소프트웨어 장인』에서 개발자의 전문성과 커리어를 다룬다. 마스터 단계에 이른 전문가의 특징을 서술하는데, 여기서 오랜 시간 가슴속에 품고 있던 질문에 대한 힌트를 발견했다.

소프트웨어 장인은 항상 자기발전을 추구한다. 그런데 보다 더 중요한 임무가 있다. 바로 업계가 공동 성장할 수 있도록 기여해야 하는 책임이다. 경험과 지식을 커뮤니티에서 공유하고 토론함으로써 업계가 한 걸음씩 더 나아갈 수 있도록 돕는다. 드라이퍼스 모델이 말하는 전문가의 특성 중에는 '지식의 근원'이라는 항목이 있다. '전문가의 말'은 업계 사람들의 레퍼런스가 된다는 의미다. 산드로 만쿠소의 책을 읽으면서 비로소 전문가란 무엇인지 제대로 이해하게 됐다.

전문가는 혼자 잘하는 사람이 아닌 함께 잘하는 사람이다. 웬만하면 올바른 방식의 자기 수련으로 실무 역량을 향상할 수 있다. 그렇지만 일정 수준에 도달하면 실력자 간의 차이는 미미해진다. 혼자서만 잘하는 사람은 4단계인 숙련자까지 올라가더라도 그 이상으로 도약하기는 어렵다. 전문가가 극소수인 이유다.

커리어 브랜딩은 콘텐츠를 기반으로 한다. 내가 아는 것을 공동체에 공유하고 동료들의 시행착오를 줄이기 위한 실천이다. 업계의 동반 성장을 지향하는 마음, 함께 잘하려는 마음, 바로 이것이 숙련자와 전문가를 가르는 결정적 차이이다.

커리어 브랜딩은 불특정 다수를 대상으로 유명해지는 것을 의미하지 않는다. 셀럽 또는 인플루언서가 아니라 내가 일하는 분야에서 존재감이 있는 플레이어가 되기를 지향한다. 존재감이란 역량과 철학을 드러냄으로써 '이런 사람이 여기 있다'는 사실을 사람들이 아는 상태다. 해결하고 싶은 문제가 생겼을 때, 새로운 인재를 구해야 할 때 머릿속에 나를 떠올리도록 만드는 것이 커리어 브랜딩이다. 존재감의 크기는 곧 영향력의 크기이고, 미래의 커리어를 설계해 나가는 기반이 된다.

물론 이름이 브랜드가 되었다고 해서 반드시 전문가인 것은 아니다. 그렇지만 이름 없는 사람이 전문가일 수는 없다. 전문가라면 내가 속한 공동체에 기여함으로서 필요한 순간 나를 찾을 수 있을 정도의 존재감을 지녀야 한다. 이것이 커리어 도약의 원씽이다.

04

일하는 사람은 누구나 브랜딩이 필요하다

조직의 시대에서 개인의 시대로

회사는 언제나 사람을 찾는다. 지원자는 많은데 '믿을 만한 사람', '좋은 인재'는 왜 그리 없는지. 지인을 통해 물색하고, 헤드헌터를 고용하고, 채용 플랫폼을 활용하면서 돈, 인력, 시간을 쏟는다. 비단 회사뿐만이 아니다. 콘텐츠를 제공하는 각종 미디어, 출판사, 교육 서비스도 마찬가지다. 잠재력 있는 신진 작가와 강사를 발굴하기 위해 언제나 안테나를 돌린다. 그러나 레이더망에 걸리는 건 언제나 존재감이 있는 극소수의 사람들뿐이다. 적절한 인재를 찾는 일은 비즈니스를 운영하는 주체에게 끝나지 않는 과제다.

공채 제도가 사라지고 있다. 조직의 시대에는 회사 이름을 보고 몰려드는 사람 중에 가능성 있는 사람을 '채용'해 가르쳤다. 신입에게 투자해 인재를 육성하던 시대에 이름 없는 개인들은 조직의 은혜에 보답하기 위해 성실히 움직였다. 반면 개인의 시대에는 지금 당장 현장에 투입할 수 있는 완성형 인재를 '영입'한다. 시장은 너무나 빨리 변하는데 여유롭게 몇 년씩 가르치며 기다리고 있을 시간이 없기 때문이다.

조직의 관점이 그렇다면 반대로 개인의 관점에선 어떨까? 한 조사에 따르면 신규 입사자를 기준으로 열 명 중 세 명이 1년 이내에 조기 퇴사한다. 대기업의 경우 채용, 교육, 인수인계에 드는 비용을 합하면 조기 퇴사자 한 명당 2,000만 원 이상의 손실이 난다고 한다. 개개인성과 주체성이 중요한 '요즘 개인'들은 언제든 기회가 생기면 떠날 준비가 된 이직 준비생의 마음으로 회사를 다닌다. 맡은 업무가 흥미·적성에 맞지 않는다는 이유로 어렵게 입사한 회사를 떠나는 선택을 한다.

취업을 위해 서류와 면접 준비를 하다 보면, 현실에 존재하지 않는 이상적인 인재상에 맞춰서 자신을 포장하게 된다. 회사도, 개인도 서로를 너무나 모르는 상태에서 '함께 일한다'라는 중요한 의사결정을 한다. 개인은 조직 문화를 모르고, 조직은 개인의 내적 자산과 성향을 모른다. 이러한 불합리가 조기 퇴사, 조용한 퇴사, 대퇴사와 같은 현상으로 발현된다.

나를 신뢰하게 하는 커리어 브랜딩의 힘

20여 년간 '능력을 보여주는 법'을 연구해 온 글로벌 협상 전문가 잭 내셔Jack Nasher는 능력을 '실제 능력'과 '보이는 능력'으로 구분한다. 이 두 가지는 별개의 능력이다. 성실한 직장인일수록 열심히 하다 보면 언젠가 알아줄 거라 믿는 경향이 있다. 그러나 이름 없는 유능함은 영향력을 발휘하지 못한다. 반대로 명성이 높다고 해서 전문성을 보장하는 것도 아니다.

2007년 1월, 『워싱턴 포스트』의 기자 진 바인가르텐Gene Weingarten이 한 가지 실험을 했다. 미국의 스타 바이올리니스트 조슈아 벨Joshua Bell을 거리의 연주가로 만든 것이다. 벨이 워싱턴 DC 지하철역에서 이름을 숨기고 연주를 하는 43분 동안 1,097명이 그 앞을 지나갔다. 그러나 바이올린 케이스에 돈을 넣은 사람은 고작 27명이었다. 그중에는 25센트짜리 동전을 던진 사람도 있었다. 거리 연주에서 벨을 알아본 사람은 단 한 명이었다. 총 32.17달러를 벌었는데 그를 알아본 사람이 그나마 20달러를 낸 덕분에 이 정도 수익을 낼 수 있었다. 불과 3일 전에 열린 보스턴 공연에서 일반 좌석 하나를 100달러에 팔았는데 말이다. 기자는 이 독특한 실험을 '액자 없는 예술품art without a frame'이라고 표현했고, 그해 퓰리처상을 받았다.

흔히 천재적인 재능은 설명이 필요 없다고 하지만, 사실 그렇지 않다. 능력은 스스로 빛나지 않는다. 여기서 강조하는 '나를 보이는 능력'은 실속 없이 외적으로 이미지 관리만 하는 얄팍한 처세술이 아니다. 이러한 능력을 이해하려면 '나'라는 개인을 공동체의 일원으로 바라보는 관점이 필요하다. 세계적인 과학자 앨버트 바슬로 바라바시Albert-Laszlo Barabasi는 다음과 같은 말을 남겼다.

> "성공은 사람들이 당신의 성과에 어떻게
> 반응하는지를 측정하는 집단적 척도다."
>
> -『포뮬러, 47p』

성과와 성공은 다르다. 성과는 개인적이다. 기술을 익히고, 목표를 달성하고, 성취감을 느끼는 일련의 과정들은 어느 정도 자기 혼자의 힘으로 통제 가능하다. 그렇지만 성공은 다르다. 나와 내가 속한 공동체와의 상호작용에서 비롯되는 부산물이다.

잘 보이는 능력을 가진다는 건 사실 '신뢰'의 문제다. 믿을 만한 사람인지 어떻게 확인할 수 있을까? 내가 누구인지 드러내는 행위는 함께 일할 가능성이 있는 상대방이 나를 이해하고 신뢰할 수 있도록 돕는 배려다. 또한 나의 일이 팀, 조직, 업계 사람들에게 미치는 영향을 관찰하는 태도다. 나를 포함한 '우리를 생각하는 능력'이라니, 잘 보이는 능력이란 어쩌면 성공의 조건이라기보다는 성숙의 기준이라고 말하는 편이 더 정확할지도 모르겠다.

일을 잘하는 것에만 머무르지 않고, 공동체가 그 가치를 알아보는 단계까지 나아가는 과정을 '커리어 브랜딩'이라고 말한다. 충분히 노력했다면 이제 인정을 받아야 하지 않을까? 표현하지 않으면 알아보기 어렵고, 알아보지 못하면 액자 없는 예술품이 된다. 거장의 연주도 연주자가 누구인지 알지 못하면 듣지 않는다. 자기를 증명하는 건 선택이 아니라 의무다. 일을 하는 사람이라면 누구나 브랜딩이 필요하다.

05

자기표현의 기술,
커리어 포트폴리오

"디자이너가 부러워요. 일하면서 이미지로 남는 게 있으니까 보여줄 수 있잖아요. 저는 일을 오래 했어도 보여줄 게 없어요. 지금까지 뭘 했는지 모르겠어요."

일을 하면서 동료들에게 자주 들은 말이다. 그동안 자신이 해온 과정을 정리할 필요가 있다고 생각하지만, 막상 어떻게 시작해야 할지는 모르기 때문이다. 놀라운 건 직업적으로 커리어를 코칭하거나 기업 컨설팅을 하는 사람들도 마찬가지라는 점이다. 타인을 돕는 데는 능숙해도 자신을 객관화하는 건 어려워하는 경우를 많이 보았다.

디자이너가 포트폴리오를 만드는 건 당연하다. 취업하거나,

이직하거나, 일을 수주할 때 포트폴리오로 자신을 증명하는 게 일상이기 때문이다. 그런데 여기서 반드시 짚어야 할 점이 있다. 일의 결과물이 시각매체여야 포트폴리오를 만들 수 있다는 생각 말이다. 나에게는 네 가지 종류의 포트폴리오가 있다. 그 중 흔히 알려진 '디자이너의 포트폴리오' 형태는 하나뿐이다. 나머지 세 가지는 글을 기반으로 한다.

첫째는 대외 활동과 순간순간 깨달은 생각을 가볍게 공유하는 인스타그램이다. 둘째는 커리어와 관련한 모든 이력을 한눈에 볼 수 있도록 한 페이지로 정리한 노션이다. 셋째는 관심 주제로 칼럼을 연재하는 블로그다. 마지막으로 디자인 포트폴리오는 PDF 문서다. 저마다 특성이 달라서 상황과 필요에 따라 네 가지 포트폴리오를 조합한다.

적극적이면서 전략적으로 자기표현의 기술을 활용하는 사람들이 많아지고 있다. 이런 현상을 두고 빅데이터 전문가 송길영 작가는 '자기 표현주의self expressionism'라고 정의했다. 그는 한 인터뷰에서 온라인으로 표현한 관심사와 삶이 자기소개서의 단편적인 서술보다 더 풍부하게 그 사람을 이해하게 만든다고 말했다. 소셜미디어가 개인의 사회적·문화적 자본의 집약체이자 도구라는 주장이다.

내적 자산을 드러내는 포트폴리오를 가지면 낮은 자세로 상대가 제시하는 조건에 맞추면서 설득할 필요가 없어진다. 먼저 나서지 않아도 내 생각과 가치관에 공감하는 사람들이 다가오기 때문이다. 이미 내적 친밀감이 형성된 상태로 연결되는 건 차갑고 얄팍한 서류 몇 장을 매개로 만나는 것과 전혀 다르다.

'포트폴리오'의 진짜 의미

일은 체험이다. 체험은 말과 행위로 이루어진다. 말과 행위는 시작과 동시에 증발한다. 보존할 수 없고 소유할 방법도 없다. 기억이 남지만 애석하게도 시간의 흐름에 따라 그 기억은 흐려지고 몇 가지 단초만 남는다.

포트폴리오의 핵심은 '축적'이다. 실체가 있어 '소유'할 수 있다는 의미다. 콘텐츠화하지 않았으면 휘발되었을 말과 생각이 실질적 자산으로 전환되는 것이다. 소유한 자산, 포트폴리오는 ① 눈으로 볼 수 있고 ② 시간이 흘러도 계속 남아 있으며 ③ 축적된 개체 간에 연속성이 있다. 말 그대로 커리어를 '쌓는 것'이다.

커리어는 비선형적이라서 철저하게 계획을 세워도 반드시 '우연'이 끼어든다. 미국 진로 상담분야의 저명한 권위자 존 크롬볼츠John Krumboltz는 예상하지 못한 기회와 우연한 사건들이 개인의 커리어에 중요한 영향을 미친다고 말했다. 우연을 계획의 일부로 받아들여 능동적이면서도 유연하게 대응하는 능력을 강조하면서 이를 '계획된 우연Planned Happenstance'이라 명명했다. 커리어 자산은 반드시 온라인상에 축적해야 한다. 바로 '계획된 우연'을 위해서다.

온라인 포트폴리오는 계획된 우연을 적극적으로 시도하는 현대적 도구다. 수동적으로 나에게 기회가 찾아오기를 기다리는 것이 아니라 자기 존재의 가시성을 높여 사람 또는 기회와 연결될 우연의 가능성을 확장하는 일이기 때문이다. 온라인 콘텐츠의 세 가지 특성을 기억하고, 전략적으로 활용해야 한다.

1. 반복

언제 어디서든 몇 번이고 다시 볼 수 있다. 내가 볼 수도 있고, 타인에게 보여줄 수도 있다. 같은 말을 여러 번 하지 않아도 된다.

2. 공유

보여주고 싶은 사람에게 직접 전달할 수 있다. 경험, 기술, 지식을 언제든 꺼내서 보여줄 수 있다면 어떨까? 하나의 URL만 던져도 나에 대해 설명할 필요가 없어질 수도 있다.

3. 검색

포털 검색 결과를 통해 나를 발견할 수 있다면? 전혀 모르는 사람이 나를 대표하는 키워드와 콘텐츠를 통해 먼저 말을 걸어올 수 있다.

지금처럼 개인이 스스로를 키우기에 좋은 시대는 없었다. 온라인을 통해 세상이 하나의 거대한 커뮤니티가 되고 있기 때문이다. 앞으로 온라인 네트워크에 몸을 싣는 사람과 아닌 사람의 격차는 더욱더 벌어질 것이다.

보이지 않는 가치를 증명하는 도구, 글

업무 역량이란 단지 지식이나 기술만을 의미하지 않는다. 태도, 학습력, 사고력, 커뮤니케이션, 리더십 등 여러 방면에 걸친 능력으로 구성된다. 한 사람의 성숙함을 드러내는 직업 윤리와 일의 철학, 가치관도 일에 영향을 미치는 요인이다. 타고난 성향과 관심사, 인적 네트워크 역시 그렇다.

이 모든 것이 어떤 조화를 이루는가가 개인의 고유함과 차별성을 만든다. 커리어를 이루는 중요한 가치들은 눈에 보이지 않고 측정하기도 어렵다. 그렇지만 사람들은 이력서에 담긴 몇 줄의 스펙, 인위적인 한두 장짜리 자기소개서, 면접에서 잠시 나눈 대화로 사람을 판단한다. 가치는 형태가 없다. 그래서 담아낼 그릇이 필요하다.

누구나 활용할 수 있는 가장 유용한 자기 증명의 도구는 글이다. 물론 그 밖에도 이미지, 영상, 음성 등 다양한 형식의 그릇이 있다. 그런데 왜 하필 글일까? 오직 글만이 지닌 특장점이 있기 때문이다. 이를 잘 이해한다면 커리어 브랜딩에 보다 한 걸음 다가선 셈이다.

글	영상, 음성
배울 필요가 없다. 이미 가진 기술이다. (물론 글을 잘 쓰려면 훈련이 필요하다.)	새롭게 기술을 배워야 한다.
별다른 도구가 필요 없다. 메모장만 있으면 된다.	별도의 장비와 편집 프로그램을 사용해야 한다.
얼굴을 드러내지 않고 메시지 그 자체로 어필할 수 있다. 공개글을 쓴다고 해서, 브랜딩을 한다고 해서 모두가 얼굴을 알리며 관심받고 싶어 하는 것은 아니다.	메신저(사람)의 외모, 음성, 어휘 등과 같은 외적인 매력이 중요하다. 메시지가 아닌 다른 요소에 많은 신경을 써야 한다.
언제든 내용을 수정, 보완할 수 있다.	한 번 제작한 콘텐츠는 수정이 어렵다.
가볍다.	용량이 크다. 무겁다.
다른 형태의 콘텐츠로 얼마든지 다각화할 수 있다. 글은 콘텐츠의 기본이다.	영상이든 음성이든 어차피 제작하기 전에 글(스크립트)을 써야 한다.

일기와 공개글의 결정적 차이

커리어 브랜딩을 위한 글은 반드시 온라인에 써야 한다. 혼자 보고 만족하는 글이 아니라 타인이 내 글을 읽는다는 것을 전제한다는 의미다. 온라인에 글을 쓴다는 건 내 글을 누군가 읽어주고, '좋아요'를 눌러주고, 댓글을 달아주기를 바라는 마음의 표현이다. 내 경험과 지식을 통해 타인에게 긍정적인 영향을 미치고 싶다는 욕망의 수단이기도 하다. 예상치 못한 새로운 기회와 연결될지도 모른다는 설렘을 담고 있기도 하다.

일기와 공개글의 결정적 차이는 바로 '독자의 유무'다. 본격적으로 커리어 브랜딩을 위한 글쓰기를 시작하기 전에 이 점을 확실히 인식하는 것이 중요하다. 일기에는 없지만 공개글에는 있는 특징을 살펴보고, 본격적인 커리어 브랜딩을 시작해보자.

공개글의 특징

- 독자를 의식한다.
- 주제와 구성이 있다.
- 주로 업무와 관련된 경험, 지식, 관심사, 전문성에 대해 쓴다.
- 내 글이 미칠 영향을 생각한다. 누군가에게 상처를 줄 수 있고 반대로 내가 공격을 받을 수도 있기 때문이다.
- 논점이 명확하고, 자료를 활용한다.
- 가독성을 고려한다. 퇴고한다.
- 연속성 있는 글을 쓴다.
- 타인과 상호작용한다.(댓글, 좋아요, 구독, 공유)
- 하나의 글을 다양한 방식으로 재활용한다.

일을 잘하는 것에만 머무르지 않고,

공동체가 그 가치를 알아보는 단계까지 나아가는 과정을

'커리어 브랜딩'이라고 말한다.

충분히 노력했다면 이제 인정을 받아야 하지 않을까?

Part 2.

커리어 브랜딩 1단계

나 알기

01

나라는 콘텐츠를 매력적으로 설계하는 법

커리어 브랜딩이라고 하면 대다수의 사람은 잘하는 게 무엇인지, 내세울 만한 게 있는 건지 모르겠다고 말한다. 조직의 시대에서 개인의 시대로 넘어가는 과도기를 살면서 자신이 누구인지 몰라 혼란스러운 사람들은 MBTI를 포함하여 각종 심리·직무 테스트로 자기를 이해해보려는 시도를 한다. 검사 결과를 보고 얼핏 자기를 안 것 같은 기분을 느끼지만 단지 그때뿐이다. 몇 개의 질문에 답을 하고, 이를 분석한 결과를 즉각 확인하는 행위는 일종의 게임이자 금세 잊어버리고 마는 가벼운 유희에 불과하다. 테스트는 재미있다. 그러나 '타인이 설계한 틀 안에서, 단시간에, 손쉬운 방법'으로 자기를 이해하고 정체성을 형성하는 건 불가능한 일이다.

우리가 가장 먼저 해야 하는 일은 자기발견(Self-Rediscovery)이다. 여기서 말하는 발견은 '재발견'이다. 이미 존재하지만 너무나 당연해서 들여다보지 않았던 자기 안의 자원들을 유심히 들여다보고 의미 있는 자산으로 가시화하는 작업이다. **재발견은 곧 재정의다.** 자기를 이해하는 건 시간과 에너지를 들여야 하는 지적인 활동이다. 쉽고 빠르게 결론을 내려고 하기보다는 한층 진지하게 접근하는 태도가 필요하다. 누구도 대신해줄 수 없다. 스스로 해내야만 한다.

커리어 브랜딩은 존재감을 형성하는 과정이다. 존재감을 가지려면 나라는 존재에 대한 이해를 해야 한다. 커리어 확장은 자기 이해로부터 시작한다. 밖으로 멀리 뛰기 위해서는 먼저 자기 안으로 깊이 뛰어야 한다. 자기 이해를 위한 깊은 사유, 이 작업을 나는 '자기발견'이라 이름 지었다.

자기발견은 자기를 탐구하는 워크숍 프로그램이다. 2년 동안 300여 명의 직장인이 거쳐 간 30일짜리 프로그램을 커리어 브랜딩을 위한 목적으로 재구성했다. 안과 밖, 과거와 현재와 미래, 강점과 약점, 고난과 극복, 직업관, 삶의 목적을 돌아볼 수 있도록 안내할 것이다. 분절된 과거의 경험들을 통합해 자기 정체성을 정립하는 데 도움이 되기를 바란다.

나를 새롭게 살게 하는 자기발견의 힘

사실 나에게는 음성장애가 있다. 대학교 4학년 어느 날, 원인을 알 수 없는 불치병에 걸렸다. 취업 준비를 본격적으로 시작해야 하는 시기에 말하기가 불편해지면서 수많은 어려움을 겪었지만 글이라는 도구를 통해 결점을 보완하려 노력했다. 그 과정에서 자신과의 깊은 대화를 했고, 할 수 있는 것과 없는 것, 자기 역사와 뿌리, 나를 둘러싼 환경과 가능성에 대한 '자기지식(Self-Knowledge)'을 쌓을 수 있었다. 일과 말과 글이 혼잡하게 뒤엉킨 시간을 보내는 동안 나는 끊임없이 자기발견을 시도했다. 덕분에 오랜 시간이 흐른 지금까지 좋아하는 일을 포기하지 않을 수 있었다. 그래서일까. 종종 사람들에게 '내면이 단단한 사람 같다', '글과 말에서 진정성이 느껴진다'라는 말을 듣는다.

한때 삶을 포기하고 싶어 했던 나를 다시 살게 한 자기이해의 과정을 워크숍 형태의 프로그램으로 만든 것이 '자기발견'이다. 디자이너로서 커리어를 디자인해온 사고방식을 디자이너가 아닌 사람들에게 공유하기 위한 실천형 도구이기도 하다. 자기발견 워크숍을 운영하면서 알게 된 것이 있다. 바로 놀라울 정도로 많은 수의 사람들이 진지하게 스스로를 돌아보는 경험을 해본 적이 없다는 사실이다. 자기지식이 부족한 사람은 미래가 불투명하다고 느끼고 원인 모를 막연한 불안에 시달릴 가능성이 높다. 사람들은 자기 자신이 얼마나 많은 것을 가지고 있는지 모르고 살아간다.

자기발견은 누구에게나 필요한 과정이지만 특히 취업, 이직, 승진, 창업 등 중요한 전환점에 서 있는 사람에게 중요하다. 어디로 가야 할지 방향을 정하기 위해 가장 먼저 해야 할 일은 내가 지금 어디에, 어떻게 서 있는지를 파악하는 것이다. 그런데 사람들은 자기 위치를 알지 못하면서 무작정 다른 사람들이 가는 방향으로 따라가기 바쁘다.

자기발견 참여자 중 한 명이 말했다.

> "자기발견을 하면서 제 경험에 가치를 둘 수 있다는 점이 좋았어요. 이직 준비를 하면서 자소서를 잘 쓰려면 경험을 발굴해야 한다는 말을 여러 번 들었지만 어떻게 해야 하는 건지 늘 막막했거든요. 자기발견의 질문들이 그 '어떻게'를 채워줬습니다. 성과가 보이는 경험을 써야 한다는 부담감에 성과가 없는 경험은 쓸모없다고 여겼거든요. 그런데 질문에 답을 하다 보니 반드시 수치로 측정할 수는 없더라도 소중하고 좋은 경험이 제게 많다는 걸 알게 됐습니다. 이런 질문들을 몰랐다면 여전히 취업시장이 말하는 대로 휘둘리며 자소서를 쓰고 있을 거예요."

자기발견의 목표는 일과 삶에 충실할 수 있도록 뒷받침해주는 '의미'와 타인과 나를 구분 짓는 '차별성'을 갖는 것에 있다. 자기발견을 통해 우리는 여러 측면으로 나 자신을 공부한다. 그리고 대외적으로 드러낼 모습을 선별함으로써 스스로를 디자인한다. 나라는 매력적인 콘텐츠를 재발견한다.

좋은 글의 재료 : 경험, 지식, 사유

커리어 브랜딩을 위한 글쓰기라는 관점에서 '좋은 글'이란 무엇일까? 문장이 유려하고, 세련된 어휘를 구사하고, 오탈자가 없고, 가독성이 높으면 좋은 글일까? 아무리 화려한 기교를 부려도 목적에 맞는 가치가 담겨 있지 않으면 좋은 글이라고 말할 수 없다. 커리어 브랜딩을 위한 글쓰기의 목표는 일하는 사람으로서 가치를 드러내는 데 있다. 작가가 되는 건 커리어 브랜딩의 본질이 아닌 부산물이다. 예쁜 글을 쓸 수 있다면 당연히 좋겠지만, 그보다는 좋은 재료를 모아 단정하게 담아내려는 노력이 더 중요하다.

소설가 강진과 글쓰기 강사 백승권은 『손바닥 자서전 특강』에서 글의 내용을 세 가지로 채울 수 있다고 말했다. 바로 경험, 지식, 사유다. 나는 이 세 가지 글의 재료를 효과적으로 활용하기 위해서 생각을 조금 더 진전시켜보았다.

- 경험 : 해본 것
- 지식 : 아는 것, 공부한 것
- 사유 : 경험과 지식을 통해 깨달은 것, 체화한 것

많은 글이 세 가지 중에 하나만 들어 있다. 경험만 서술하는 경우에는 '나는 오늘 ~했다'로만 채워진다. 보통 일기를 쓸 때 개인적인 경험과 느낌을 시간 순으로 또는 떠오르는 대로 쓰는데, 이런 서술 방식은 읽는 사람이 공감을 할 수는 있지만 유용함을 얻기는 어렵다.

지식만으로 정보를 나열하면 건조하고 몰입하기 어렵다. 이런 글은 보는 사람이 필요한 부분만 보고 이탈한다. '누가 썼는지' 중요하지 않은 글이다. 정보만 있는 글은 자기 생각이 아니라 다른 사람이 한 말을 가지고 오는 경우가 많기 때문에 차별성 있는 글이라고 말하기 어렵다.

사유는 나만의 생각이다. 무언가 경험하거나, 누군가를 만나거나, 어떤 정보를 접하고 나서 이를 소화한 후 깨닫고 체화한 것을 말한다. 사유가 누적되면 대상과 세상을 보는 자기만의 관점이 생긴다. 사유는 경험이나 지식을 먼저 쓰고 그 뒤에 붙이는 것이 좋다. 사유로만 글을 쓰면 추상적이라 읽는 사람이 이해하기 어렵다.

좋은 글 = 경험 × 지식 × 사유(관점)

경험은 공감을, 지식은 유용함을, 사유는 통찰을 준다. 누구나 자기 안에 유의미한 콘텐츠로 개발할 수 있는 재료를 가지고 있다. '경험, 지식, 사유', 이 세 가지 범주에서의 내용, 품질, 양은 저마다 다르다. 어떤 범주의 재료를 많이 가지고 있는가에 따라 개인이 만들어낼 수 있는 스토리의 성격도 달라진다.

한 편의 글에 이 세 가지가 모두 담겨 있으면 정말 좋은 글이다. 그렇지만 이 중 두 가지만 조합해도 충분히 차별성 있는 글을 쓸 수 있다. 글을 쓸 때 독자에게 어떤 가치를 전할 것인지에 따라 적절한 재료를 선택해서 글에 녹이면 된다. '공감으로 시작해 유용함으로 마무리한다'라고 생각하자. 스스로 너무 평범하다고 말하는 사람도 차분히 생각해보면 자신이 생각보다 가지고 있는 재료가 많다는 것을 알 수 있다. 자기발견이 내 안의 재료를 밖으로 꺼내는 과정을 도울 것이다.

02

자기발견을 위해 알아야 할 2가지 개념

효과적인 자기발견을 위해 흥미로운 두 가지 개념을 소개하고자 한다. 바로 Dividual과 Inside the Box다.

여러 자아를 담은 하나의 몸, Dividual

'Dividual'은 소설가 히라노 게이치로ひらのけいいちろう가 『나란 무엇인가』라는 에세이집에서 소개한 개념이다. 어려서부터 정체성에 대한 관심이 깊었던 그는 '개인個人'을 새로운 관점으로 다시 보는 '분인分人'이라는 단어를 창작했다. 그가 말하는 분인이란 '개인보다 한 단계 작은 새로운 단위'다.

히라노는 분인을 서구 철학에서 사용하는 'Individual'과 비교한다. 개인을 뜻하는 영단어 Individual은 나눌 수 없는 독립적이고 고유한 존재라는 의미를 담고 있다. 그런데 히라노는 이 당연해 보이는 개념을 부정하고 개인은 여러 자아(=분인)를 가진다는 주장을 한다. 사람은 상황이나 관계에 따라 다른 면모를 드러내는데 그때마다 각기 다른 자아가 존재한다는 말이다. 한 사람은 직장에서의 자아, 가족과의 자아, 친구와의 자아 등 여러 자아로 구성된다. '진정한 자아는 하나'라는 신화를 부수는 개념이다.

그런 의미에서 히라노는 분인을 'Dividual'이라고 부른다. Individual에서 부정접두사 in을 지우고 인간을 '나눌 수 있는' 존재로 여기는 것이다. 한 명의 인간은 여러 분인의 네트워크이며, 거기에 '진정한 나'라는 중심은 없다. 개성은 여러 자아의 구성 비율에 따라 결정된다. 여러 분인을 하나로 담는 컨테이너 역할을 하는 것이 몸인 것이다.

히라노는 분인이 타인과의 관계를 통해 만들어진다고 했다. 그렇지만 나는 이 흥미로운 개념을 알게 된 이후 다른 측면으로 의미를 확장했다. 한 사람은 시간에 따라서 분인이 생성된다는 생각이다. 인간은 변할까, 변하지 않을까? 10대의 나, 20대의 나, 30대의 나, 이들이 같은 사람이라고 볼 수 있을까? 5년 전의 나를 만난다면 어떤 대화를 나눌 수 있을까? 같은 질문에 같은 답을 하는 사람일까? 인간은 변하지 않는다. 동시에 인간은 변한다.

닫힌 세계, 제약의 힘, Inside the Box

'Inside the Box'라는 개념 역시 흥미롭다. 디자이너가 디자인을 할 때 가장 먼저 하는 일은 무엇일까? 바로 '제약'을 파악하는 것이다. 이 말은 상당히 다양한 내용을 함축한다. 제약을 파악한다는 건 통제 가능한 것과 아닌 것을 구분한다는 말이다. 가용할 수 있는 요소와 아닌 것을 알면, 어디에 집중해야 할지 결정할 수 있다. 통제 범위 밖에 있는 것에 시간과 에너지를 낭비하지 않을 수 있다.

혁신 전문가 드루 보이드Drew Boyd와 제이컵 골든버그Jacob Goldberg는 책 『틀 안에서 생각하기』에서 '닫힌 세계(Closed World)'라는 개념을 소개한다. 문제를 해결하는 고도의 창의적인 아이디어는 흔히 기존 환경 속에 평범한 모습으로 숨어 있다는 발상이다. 혁신을 위한 가장 빠른 길은 자신이 동원할 수 있는 자원부터 바라보는 것이다.

기발하고 새로운 아이디어를 처음 들을 때 "아, 나도 저 생각했었는데!"라고 말한 적이 있는가? 그 아이디어가 나의 세상 '안'에 있지만 떠올리지 못한 이유는 무엇일까? 누구나 자기만의 닫힌 세계를 가지고 있다. 나를 감싸고 있는 세상 안에는 손만 뻗으면 얼마든지 잡을 수 있는 온갖 요소들이 널려 있다. 자기발견을 위한 시작점은 바로 이런 요소들을 주의 깊게 살피는 데 있다. 흔히 창의성을 발휘하려면 'Think Outside the Box' 하라고 이야기한다. 아니다. 'Inside the Box'가 우선이다.

> "창의성은 멀리 다른 곳에 있는 것을 찾아 무턱대고 이리저리 뛰는 게 아니라 제한적인 가능성의 목록 가운데 효과적인 것을 탐색하는 지능과 관련되어 있다."
>
> –『틀 안에서 생각하기』

결핍과 제약을 대하는 태도는 중요하다. 삶에서도 일에서도 너무나 다른 결과를 이끌기 때문이다. 책『제약의 마법』은 제약 대처 유형을 세 가지로 분류한다. 바로 피해자(Victim), 적응자(Neutralizer), 개혁자(Transformer)다.

- 피해자 : 제약을 극복할 수 없다고 생각한다. 무력감을 느끼고 해결책을 찾기보단 상황을 탓하며 변화를 시도하지 않는다.
- 적응자 : 제약을 인정하고 관리하려 하지만 최소한의 해결책을 찾는 데 그친다. 현상 유지만 한다.
- 개혁자 : 제약을 긍정적으로 재해석해 더 나은 결과를 만들어낸다.

제약은 창의성의 원천이다. 왜냐하면 제약이 있을 때 더 이상 기존의 익숙한 방법에 의존할 수 없기 때문이다. 자원이 충분하면 쉬운 해결책을 선택할 수 있지만, 제약 상황에서는 창의적인 대안을 찾아야만 한다. 우리는 제약을 '장애물로 보는 피해자가 될 것인지, 기회로 보는 개혁자가 될 것인지' 선택할 수 있다.

제약을 이야기하는 또 한 명의 전문가가 있다. 기업가 정신을 연구하는 학자 사라스 사라스바티Saras D. Sarasvathy다. 그는 탁월한 기업가들의 공통점을 연구한 책 『이펙츄에이션』에서 'Bird in Hand(손 안의 새)'라는 개념을 소개한다. 영어 속담 'A bird in the hand is worth two in the bush.(손 안의 새 한 마리가 덤불 속의 두 마리보다 낫다.)'에서 유래된 표현이다. 현재 가지고 있는 것이 미래에 얻을 수 있을지 모르는 불확실한 것보다 더 가치 있다는 의미를 담고 있다.

성공한 창업자는 아직 보유하지 않은 자원이나 미래의 불확실한 기회에 의존하지 않고, 이미 가진 것으로 당장 무엇을 할 수 있는지 질문한다. 'Bird in Hand'는 확보한 경험, 기술, 네트워크를 최대한 활용해 작은 성과를 이루고, 이를 발판 삼아 더 큰 성과로 발전시키는 전략적 사고방식이다.

자신이 평범해 보이거나 때로 제약이 많다고 느껴질 때, 이 개념을 통해 다른 관점으로 자기를 재인식하는 계기가 되기를 바란다.

03

자기 역사 연표 만들기

앞으로 자기발견을 통해 다음 두 가지 질문에 답을 하게 될 것이다.

- 질문 1. 나는 누구인가
- 질문 2. 나의 일은 무엇인가

질문을 읽자마자 떠오르는 대로 답을 할 수 있겠지만, 내적 자원을 현실에서 활용할 수 있는 실제 자산으로 전환하기 위해서는 보다 진지하게 접근해야 한다.

"오로지 나만을 위해서 이렇게 노력을 기울여본 지가 언젠가 싶네요. 순간순간 감정적으로 어렵기도 하고 즐겁기도 했는데 무척 의미 있는 시간이었습니다."

"과거를 외면하면서 살았어요. 힘든 기억이 많았거든요. 과거를 회상할 때면 후회가 날 잡아먹는 것 같았어요. 가슴이 두근두근하고 답답했어요. 근데 글을 쓰며 바라본 과거는 그냥 거기 있더라고요. 멀리 보내려 했지만 이렇게 가까이 있더라고요. 이제 과거의 저도 사랑해보려 합니다."

자기발견 워크숍에 참여했던 사람들의 후기를 보면 알 수 있듯이, 자기발견 가이드를 하나씩 따라가다 보면 자기 자신을 이해하고 정체성을 정립할 수 있을 것이다. 다양한 각도에서 자신을 관찰하며 깊이 있는 답을 해보자.

자신의 경험을 보는 관점

글의 재료는 경험, 지식, 사유 세 가지다. 자기발견을 위한 첫 번째 질문 '나는 누구인가'는 경험 재료를 꺼내기 위한 질문이다. 이 질문에 답하기 위해서는 자신의 경험을 보는 관점이 중요하다.

관점 1. 공감을 불러일으키는 평범함

흔히 '평범하다'는 말을 개성이 없거나 차별성이 없다는 의미로 사용한다. 그렇지만 글을 쓰는 사람에게 평범함이란 매우 중요한 재료다. 독자가 글쓴이와 동질감을 느끼게 만드는 공감의 연료이기 때문이다.

> "앗, 저거 나도 생각했던 건데!"
> "나도 저런 경험해본 적 있는데!"
> "맞아. 나도 저런 어려움을 겪었었지."
> "와. 나도 궁금했던 건데. 이 사람은 이렇게 해결했구나!"

좋을 글을 쓰고 싶다면 독자가 '맞아. 나도 비슷한데…'라는 생각이 들게 해야 한다. 자신의 이야기처럼 느껴질 때 호기심이 생기고, 더 나아가 몰입하게 된다. 흔히 볼 수 없는 대단하고 특이한 경험은 오히려 거리감을 불러일으킨다. '저 사람이니까 가능하지. 나랑은 상관없는데'라고 생각하기 때문이다. 누구나 경험했을 법한 보편적인 작은 순간에서 시작해 나만의 지식이나 사유로 연결하면, 바로 그 지점에서 차별성이 만들어진다.

관점 2. 긍정이든 부정이든 모두 OK

책 『순간의 힘』은 부정적인 전환점을 '구덩이'라고 말한다. 누구나 살면서 구덩이에 빠지는 순간이 찾아온다. 그렇지만 우리는 그 속에 계속 머물러 있지 않는다. 어떤 과정을 거쳤든 삶을 살아왔고, 지금도 더 나은 사람이 되기 위해 이 책을 읽고 있다. 구덩이 속에서 나를 다시 일으켜 걷게 만들어준 것은 무엇인가? 우연히 마주친 사람일 수도 있고, 어디선가 본 한 문장일 수도 있고, 지나가다 우연히 들은 뉴스의 한 소식일 수도 있다.

긍정적인 경험만 글의 재료가 되는 것이 아니다. 부정적인 경험 역시 소중한 글감이다. 무언가 깨달음을 얻어 다시 일어서게 되었다면 그 자체로 타인에게 용기와 희망을 주는 소재가 될 수 있다. 글쓰기에는 경험에 의미를 부여해 자신의 삶을 더 풍요롭게 만드는 힘이 있다.

자기 역사 연표란 무엇인가

자기 역사 연표는 '지금의 나'를 있게 한 과거 경험을 체계적으로 정리하는 도구다. 내가 처음으로 자기 역사 연표의 개념을 생각하게 된 건 다치바나 다카시たちばな たかし의 『자기 역사를 쓴다는 것』을 통해서다. 50세 이상의 시니어 세대를 위한 '현

대사 속의 자기 역사'라는 강좌를 정리한 책이다. 그는 퇴직 연령 60세를 인생의 재출발 지점으로 설정하고, 과거를 총괄하는 기회를 제공하고자 했다. 최종적으로 자서전 쓰기를 목표로 했는데, 자기 경험을 밖으로 꺼내기 위한 중간 산출물로 자기 역사 연표를 이야기했다. 자기 역사 연표를 만들어야 하는 이유는 세 가지다.

첫째, 거시적인 관점에서 인생 전체를 한눈에 파악할 수 있다. 과거를 객관적으로 돌아보며 지금의 내가 어디서부터, 어떻게, 여기까지 왔는지 알 수 있게 돕는다. 자기 정체성을 확립하는 데 큰 도움이 된다. 둘째, 뿔뿔이 흩어져 있는 기억을 한데 모아 하나의 줄에 엮으면 연관성 없어 보이던 내 삶에 어떤 '흐름'이 보이기 시작한다. 자기발견의 궁극적인 목표인 '셀프-스토리텔링(Self-Storytelling)'의 원재료가 된다. 셋째, 글이란 내 실제 경험을 녹여내야 진정성과 차별성이 생긴다. 자기 역사 연표는 글을 쓰는 사람으로서 그때그때 필요한 에피소드를 꺼내 쓸 수 있는 유용한 재료 주머니가 된다.

다치바나 다카시는 참가자들이 형식 없이 자유롭게 이를 만들도록 했지만, 나는 '커리어 브랜딩'이라는 목적에 맞는 자기 발견을 위해 새롭게 자기 역사 연표 워크시트를 만들었다. 구체적인 작성 방법에 대해 알아보자.

자기 역사 연표 만들기

1단계 : 에피소드 목록 쓰기

① 메모장에 내 삶의 주요한 에피소드를 20개 이상 생각나는 대로 쓴다. 더 많이 써도 좋다. 키워드로 적어도 좋고, 문장으로 적어도 좋다. 내용을 너무 상세하게 적으려고 하지 말자.

② '자기 역사 연표 워크시트'를 A3 용지에 출력한다. (71쪽 QR 수록)

③ 에피소드를 '자기 역사 연표 워크시트'에 시간 순으로 옮겨 적는다. 워크시트에는 20개의 에피소드를 적을 수 있다. 에피소드가 많으면 주요 에피소드를 추려서 한 장에 적거나, 두 장 이상 출력해 모든 에피소드를 적는다.

④ 에피소드가 발생한 나이를 적고, 관련된 사람, 소속, 정보를 적는다. 쓸 게 없다면 비워 둔다.

⑤ 삶의 만족도를 적는다. 최저점 -3점에서 최고점 3점 사이로 적는다. 0점은 좋지도 나쁘지도 않은 상태다.

⑥ 영향력을 적는다. 해당 에피소드가 내 삶에 미친 영향력 점수다. 0점에서 3점 사이로 적는다. 0점은 '영향 없음', 3점은 '전환점이 될 정도로 강함'이다.

⑦ 에피소드 목록에서 반복되는 단어, 이름, 의사결정 패턴이 있는지 살펴본다.

[저자의 에피소드 작성 예시]

나이	만족도	영향력	에피소드 (경험·깨달음)	사람	소속·장소	학습·정보
1	0	2	탄생, 1남 2녀 중 첫째. 미스코리아처럼 유명해지라고 이름을 '진선'이라 지음.			
10	0	1	은박지 한 통을 다 써서 챙 넓은 모자를 만듦, 엄마한테 무지하게 혼남.			
11	0	2	TV에서 패션쇼를 보면서 '나는 예술적인 것보단 사람들한테 도움이 되는 실용적인 걸 만들고 싶어'라고 생각함.			
19	-2	3	수능 직후 엄마에게 디자인대에 가고 싶으니 2개월만 미술학원에 보내 달라고 말함. 학원에서 중학교 동창을 보고 충격받음.			
20	-3	2	재수 시작, 자판기 회사에 경리로 취업. 집에서는 잠만 자고 회사와 미술학원에서 생활함. 부모님과 사이가 안 좋아짐.			
23	-1	1	디자인 대학 입학, 시각디자인 전공.		○○ 대학교	
25	0	2	책『인간을 위한 디자인』을 읽고 충격받음. 처음으로 '디자인이란 무엇인가'에 대해 진지하게 생각함.	빅터 파파넥	○○ 대학교	책『인간을 위한 디자인』
26	-3	3	목소리가 잘 안 나오는 '연축성 발성 장애'라는 불치병에 걸림.			
26	3	2	네이버에서 주최하는 UXDP에 참여. 수상 후 네이버 인턴으로 근무. 처음으로 UX·UI에 대해 알게 됨.	○○○ 교수님, UX를 전공한 팀원들	네이버	UX·UI 프레젠테이션 전략
27	-2	2	UX·UI 전문 에이전시 취업	○○○ 팀장님	에이전시 ○○○	UX·UI 디자인 실무
31	-3	3	첫 번째 번아웃. 퇴사 후 서울출판학교 입학, 출판마케팅 전공.	출판학교 ○○○ 선생님 출판학교 동기 ○○○	서울출판학교	출판 제작, 유통, 마케팅

⑨ 자기 역사 연표 상단에 '만족도 그래프'를 그린다. 에피소드 목록에 쓴 나이를 옮겨 쓴 다음 만족도에 맞게 점을 찍고 연결한다.

⑩ 영향력 점수가 3점인 에피소드가 눈에 잘 띄도록 표시한다. 그중 가장 결정적이라고 생각하는 전환점 에피소드 세 개를 골라 표시한다. 점 옆에 어떤 에피소드인지 알아볼 수 있도록 키워드를 적는다.

⑪ 만족도와 영향력의 관계성을 보자. 만족도는 최악이지만 영향력이 가장 컸던 에피소드가 있는가? 만족도는 너무 높지만 영향력은 0점인 에피소드가 있는가? 기분이 좋은 순간과 내 삶을 변화시킨 순간이 같지 않다는 사실을 아는 것이 중요하다.

⑫ 그래프를 시기별로 크게 구분한 다음 각 시기에 이름을 짓는다.

[만족도 그래프 작성 예시]

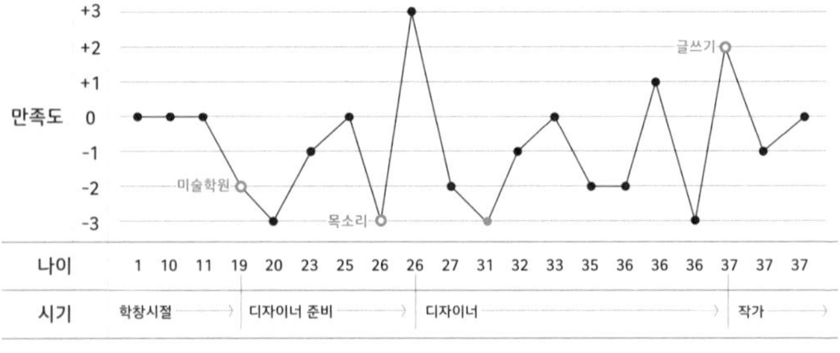

3단계 : 자기 역사 연표 완성하기

에피소드 목록과 만족도 그래프를 조망하면서 '삶의 제목'을 적는다. 가까운 지인에게 자기 역사 연표를 보여주고 이야기를 나눈다. 자기 역사 연표를 만든 소감을 글로 쓴다.

[삶의 제목 작성 예시]

이진선 의 자기 역사 연표 ○○○○년 ○월 ○일

자기 삶을 디자인하는 모습을 통해 '영감을 주는 사람'

다치바나 다카시의 말처럼 자기 역사는 '에피소드의 연속'이다. 에피소드는 많을수록, 구체적일수록 좋다. 각 에피소드로부터 느낀 점, 함께한 사람, 대화, 깨달음의 데이터가 많아질수록 내 안에 존재하는 경험과 사고의 패턴을 잘 알아볼 수 있다. 연표는 한 번만 만들고 끝내는 게 아니다. 시간의 흐름에 따라 끊임없이 에피소드가 추가되고, 새로운 전환점이 다가올 것이기 때문이다. 배우고, 경험하고, 관계를 형성하고, 어려움에 처하고, 행복을 느끼는 과정 위에서 자기 역사를 계속 쌓아가자. 주기적으로 자기 역사 연표를 다시 만들기를 권한다.

[저자의 자기 역사 연표 예시]
자기 역사 연표는 매우 사적이기 때문에 다소 각색한 버전으로 공유한다.

04

셀프-스토리텔링으로 재해석하기

이제 자기 역사 속으로 한층 깊이 들어가보자. 이번에는 자신의 배경담을 구성한다. 배경담이란 지금의 나를 있게 만든 '배경(Back story)'이자 '뿌리(Origin story)'가 되는 이야기다. 지금까지 살면서 겪은 수많은 에피소드 중 결정적 순간들을 선별하고 연결해서 하나의 이야기로 만드는 셀프-스토리텔링으로 자기 역사를 재해석한다.대부분의 사람이 '나는 누구인가'라는 질문에 답을 하지 못하는 이유는 자기 역사(뿌리)가 없기 때문이다. 인간은 긴 시간을 통과해 만들어진다. 또한 시기마다, 상황에 따라 다른 자아(분인)를 형성한다. 그런데 유행하는 심리·직무 테스트는 '지금 이 순간'의 '한 단면'만을 포착한다. 복합적인 서사와 멀티 자아를 품고 있는 한 사람을 이해하기에는 너무나 얕고 가볍다. 스스로 형성하는 셀프-스토리텔링이 중요한 이유다.

그렇다면 배경담은 어떤 역할을 할까? 디자이너라는 직업을 예로 들어보려 한다. 각자의 직업이나 역할에 대입하면 더 이해가 쉬울 것이다.

첫째, 차별성을 갖게 한다. 디자이너는 수없이 많다. 그렇지만 자기만의 배경담을 가진 디자이너는 극소수다. '그러한' 역사를 거친 사람은 마침내 '그러한' 경험, 지식, 사유를 가진 디자이너가 된다. 기술이 비슷할 수는 있어도 서사가 동일한 사람은 없다. 역사가 차별성을 만든다.

둘째, 일과 삶에 의미를 부여한다. 지금의 나 자신이 될 수밖에 없었던 이유를 비로소 알게 된다. '나는 역사가 있는 사람이야', '나는 디자이너가 될 수밖에 없는 운명이야'라는 생각은 근거 있는 자신감을 갖게 한다. 나의 과거, 나의 선택에 정당성을 부여한다. 내가 나를 설득해 마침내 일과 삶에 의미가 생긴다.

셋째, 내면을 단단하게 만든다. 셀프-스토리텔링은 적극적인 자기 역사의 재해석이다. '나는 누구지? 내가 왜 이 일을 하고 있지? 하필 왜 나한테만 이런 일이 생기지?'라는 생각은 수동적이고, 외부에서 이유를 찾는 태도다. '진짜 나'는 어딘가에 숨어 있고, 그걸 반드시 찾아야 할 것만 같은 알 수 없는 불안의 표현이다. 반대로 자기발견은 능동적이고, 내부에서 이유를 '만든다'. 이는 '디자인한다' 또는 '정의한다'라고 표현할 수도 있다. 자기 역사를 기반으로 '나는 그럼에도 불구하고 이런 선택을 하는 사람이야'라는 정체성을 스스로 부여하는 것이다. 누구나 자기 삶에 크고 작은 굴곡이 있다. 내 삶에 어떤 굴곡이 있는지 '알고', 이를 온전히 받아들여 '인정'한다. 자기발견을 'Self-REdiscovery'라고 부르는 이유다.

전환점으로 배경담 만들기

1단계. 전환점 에피소드 가져오기

자기 역사 연표에 표시한 전환점 세 개는 무엇인가? 지금의 나를 만드는 데 결정적인 영향을 미친 '영향력 3점짜리 에피소드'는 무엇인가? 당연히 사는 동안 내게 변화를 일으킨 에피소드는 세 가지만 있는 것이 아니다. 훨씬 많지만 의도적으로 전환점을 '선택'한다. 다음은 앞에서 공유한 나의 자기 역사 연표에 있는 세 가지 전환점이다.

나이	만족도	영향력	에피소드 (경험·깨달음)	사람	소속·장소	학습·정보
19	-2	3	수능 직후 엄마에게 디자인 대학에 가고 싶으니 2개월만 미술학원에 보내 달라고 말함. 학원에서 중학교 동창을 보고 충격을 받음.	엄마, 중학교 동창	미술학원	
26	-3	3	목소리가 잘 안 나오는 '연축성 발성 장애'라는 불치병에 걸림.			
37	2	3	생일을 자축하는 의미로 브런치에 글을 쓰기 시작함. 독서법에 대한 글이 15만 뷰를 기록함.		브런치	

2단계. 에피소드 연결하기

세 가지 에피소드는 개별적으로 발생했다. 어떤 연관성이 있어서 이 사건들이 일어난 것은 아니지만, 하나의 이야기로 만들 수는 있다. 어떻게 해야 할까? 우선, 세 가지 전환점을 모아놓고 찬찬히 보면서 자연스럽게 떠오르는 생각을 적는다. 나는 이런 생각이 들었다.

'10대, 20대, 30대에 한 번씩 전환점이 있었다.'
'각 전환점을 상징하는 키워드는 미술학원, 목소리, 글쓰기다.'
'영향력 점수가 모두 3점인데 두 개는 부정적 경험이고, 한 개는 긍정적 경험이다.'

이런 생각의 조각들을 염두에 두고 전환점 에피소드를 좀 더 구체화해보았다.

번호	에피소드 1
나이	19
키워드	미술학원
에피소드	수능 직후 엄마에게 디자인 대학에 가고 싶으니 2개월만 미술학원에 보내달라고 말함. 학원에서 중학교 동창을 보고 충격을 받음.
세부 항목	• 어려서부터 디자이너가 되고 싶었지만 학원을 다닐 형편이 아니었다. • 수능 직후, 전문대라도 가고 싶어 한두 달만이라도 미술학원에 보내달라고 엄마에게 말했다. • 학원에서 동갑내기 친구들이 단 세 시간 만에 커다란 종이에 그림을 완성하는 모습을 보았다. 부러웠다. • 그림에 전혀 관심이 없던 중학교 동창이 멋진 작품을 그리는 것을 보고 충격을 받았다. 지난 3년의 격차가 뼈아프게 다가왔다.

번호	에피소드 2
나이	26
키워드	목소리
에피소드	목소리가 잘 안 나오는 '연축성 발성 장애'라는 불치병에 걸림.
세부 항목	• 대학교 4학년 어느 날, 지독한 몸살감기에 걸렸다. 그런데 감기가 나은 후에도 한두 달 동안 목소리가 잘 나오지 않았다. • 종합병원에서 '연축성 발성 장애'라는 진단을 받았다. 원인이 밝혀지지 않은 불치병이라고 했다. • 취업을 준비하는 시기에 이 소식을 듣고 미래가 사라진 듯한 절망감을 느꼈다.

번호	에피소드 3
나이	37
키워드	글쓰기
에피소드	생일을 자축하는 의미로 브런치에 글을 쓰기 시작함. 독서법에 대한 글이 15만 뷰를 기록함.
세부 항목	• 사회 초년생 시절부터 10년 가까이 글쓰기를 배웠지만 정작 쓰지는 않았다. • 조금씩 써둔 메모를 바탕으로 독서법에 대한 두 편의 글을 써서 브런치에 올렸다. • 다음 날 점심시간쯤, 브런치에서 '구독'과 '좋아요' 알림이 미친 듯이 울렸다. • '3색 볼펜으로 거침없이 더럽혀라'라는 글이 다음 포털 메인에 노출되어 15만 조회수를 기록했다. • 아직까지도 이 글을 보고 나서 3색 볼펜을 샀다는 사람을 만난다.

3단계. 전환점으로 인한 내적·외적 변화 살피기

긍정적일 수도, 부정적일 수도 있는 각각의 전환점 이후 내적·외적으로 어떻게 달라졌는가? 어쩌면 자신이 골라낸 에피소드가 너무 작고 사소해 보일지도 모른다. 비록 다른 사람이 보기에 평범해 보일 수 있다 해도 나에게 어떤 식으로든 영향을 미쳤다면 그건 충분히 의미 있는 전환점이다.

변화는 안과 밖에서 동시에 일어난다. 눈에 보이는 외적인 상황·환경의 변화뿐만 아니라 내 안에서 일어난 내적 변화를 함께 생각해야 한다. 내적 변화는 오직 자기 자신만이 볼 수 있다. 전환점 전후로 태도, 감정, 가치관, 사고방식에 어떤 변화가 있었는지 적어보자. 안과 밖 양 측면을 함께 살핀다면 훨씬 깊이 있게 자기 탐구를 할 수 있다. 변화를 살펴볼 때 아래 질문들을 염두에 두면 도움이 된다.

- 이 전환점으로 인해 내적(감정, 생각, 가치관 등)으로, 외적(행동, 환경, 관계 등)으로 어떤 변화가 일어났는가?
- 이 전환점으로 인해 내가 얻은 것은 무엇이고, 잃은 것은 무엇인가?
- 이 전환점은 '지금의 나'에게 어떤 영향을 미쳤는가?

에피소드 1. 미술학원	• 재수를 결심했다. 부모님에게 의존하지 않기로 결심하고 자판기 회사에 경리로 취업했다. • 돈을 벌면서 미술학원을 다녔다. 스무 살에 입시 준비를 시작해 스무세 살에 대학에 들어갔다. • 최초의 주체적 선택이었다. 이 경험을 통해 내가 자율적인 삶을 중요하게 생각하는 사람이라는 것을 깨달았다.
에피소드 2. 목소리	• 병을 낫게 하기 위해 음성 클리닉, 보컬 트레이너, 스피치 학원까지 찾아다녔다. 목에 좋은 음식을 먹고, 같은 병에 걸린 사람들의 커뮤니티도 참여했지만 변화가 없었다. • 회사 업무에 집중하기 어려웠고, 디자이너로서 성장하지 못한다는 불안이 또 다른 스트레스로 다가왔다. 결국 4년 만에 퇴사했다. 몸과 마음이 지쳐 더는 버틸 수 없었기 때문이다. • 약점을 보완하기 위해 글쓰기를 소통의 도구로 활용하기 시작했다.
에피소드 3. 글쓰기	• 독자들의 반응을 통해 뒤늦게 나에게 글을 쓰는 재능이 있다는 것을 알게 됐다. • 글쓰기를 '문자로 메시지를 디자인하는 것'으로 생각했다. 글쓰기와 디자인의 원리가 같다고 여겼다. • 독서법을 주제로 글을 썼지만, 사실은 '사수 없는 디자이너의 성장법'을 쓰고 싶었다. 대중성이 낮다는 말을 듣고 망설였으나 결국 다시 용기를 냈다. 덕분에 새로운 커리어의 기회를 얻었다.

4단계. 한 편의 글쓰기(feat. 영웅 서사)

전환점으로 인해 변화된 것들을 적어보니 어떤가? 이제는 하나의 스토리로 연결할 수 있을 것 같다는 생각이 들지 않는가? 내가 지금까지 공유한 1~3단계 내용을 바탕으로 하나의 이야기를 만들어보았다. 제목은 나의 자기 역사 연표에 적은 '삶의 제목'을 그대로 가져온 것이다.

제목	자기 삶을 디자인하는 모습으로 '영감을 주는 사람'
전환점 1	부모님에게 의존하지 않고 디자이너가 되기 위해 스무 살에 취업해 입시 준비를 시작했다. 월급 50만 원짜리 경리로 일하며 미술학원을 다녔다. 스무세 살에 디자인 대학에 입학했다.
전환점 2	대학교 4학년 때 갑자기 목소리가 나오지 않는 병에 걸렸다. 소통이 중요한 디자이너로서 느낀 절망감을 뒤로하고, 병을 낫게 하기 위한 모든 시도를 했다. 결국 목소리는 회복되지 않았다. 대신 결점을 보완하기 위해 글을 적극적으로 활용하게 됐다.
전환점 3	디자이너로 성장하면서 겪은 시행착오를 후배들이 겪지 않기를 바라는 마음으로 책을 쓰고 싶었다. 그러나 10년 차가 되어서야 온라인에 글을 쓰기 시작했다. 수많은 독자의 긍정적인 피드백을 받고 글 쓰는 재능이 있다는 것을 깨닫고 커리어를 확장하는 도구로 활용하게 됐다.
이야기가 주는 의미	나 자신을 디자이너로 키워내는 과정이 순탄치 않았지만, 이러한 삶의 굴곡은 나만의 지적 자산이 됐다. 체화한 경험, 지식, 사유를 통해 사람들에게 '영감을 주는 사람'이 되고 싶다.

한 편의 글을 쓸 때 주의할 점은 '영웅 서사'의 형식을 잊지 않는 것이다. 영웅 서사란 주인공이 모험을 통해 자신의 한계를 극복하고, 내적 성장을 이루며, 최종적으로 더 나은 존재로 거듭나는 서사 구조를 말한다. 이는 조셉 캠벨Joseph Campbell이 그의 저서 『천의 얼굴을 가진 영웅』에서 제시한 개념이다. 조셉 캠벨은 전 세계의 신화와 이야기에서 공통적으로 발견되는 서사 구조를 설명했다. 복잡한 열 일곱 가지 단계가 있지만, 나는 이것을 매우 단순하게 3단계로 축약했다.

시련 → 깨달음 → 극복

영웅 서사 스토리텔링은 우리가 자기 역사 연표로부터 여기까지 꽤 긴 여정을 거쳐 온 진짜 이유다. 이야기는 마이너스에서 플러스로 향해야 한다. 사람들은 어려운 상황에 처한 주인공이 깨닫고 변화해 마침내 성장하는 이야기를 좋아한다. 창작인이라면 당연히 알아야 할 할리우드 스토리텔링 이론이기도 하다. 모두가 사랑하는 이 이야기 구조를 염두에 두면 나를 든든하게 받쳐주는 Origin Story를 갖게 될 것이다.

여러 개의 배경담 만들기

배경담은 하나가 아니다. '분인'이라는 단어를 상기하자. 한 사람 안에는 다양한 자아가 공존한다는 것을 기억해야 한다. 자기 역사의 층위는 여러 겹이다. 삶에서 어떤 시기에는 다수의 이야기가 층층이 쌓여 있기도 하고, 또 다른 어떤 시기에는 단독 이야기가 삶의 전반을 지배하기도 한다. 각각의 이야기에 등장하는 '나'는 마치 다른 사람처럼 느껴질 수도 있다. 그 시기에는 어째서 유독 그 자아가 그렇게 비중이 커질 수밖에 없었을까? 어째서 지금은 그 자아가 숨어서 나오지 않는 걸까?

앞에서 인생 전반을 통틀어 기억에 남는 전환점 세 가지를 바탕으로 이야기를 만들었다. 한편, 배경담에 다른 방식으로 접근할 수도 있다. 지금의 나를 대표하는 키워드를 중심으로 셀프-스토리텔링을 하는 것이다. 이런 식이다.

1. 현재의 나를 특정하는 키워드를 쓴다.
2. 그 키워드와 관련된 에피소드를 세 개 이상 쓴다.
3. 에피소드를 연결해 이야기를 만든다.

예를 들면, 나는 MBTI 검사에서 내향성 만점을 받은 슈퍼 내향인이다. 10년 차가 넘은 UX·UI 디자이너이면서 동시에 자기계발 덕후이기도 하다. 이런 특성을 뒷받침하는 에피소드를 적어도 세 개 이상은 쓸 수 있다. 우선 자기 역사 연표 목록에서 관련 에피소드를 가져온 후 새롭게 떠오른 몇 개를 추가했다.

제목	자기 삶을 디자인하는 모습으로 '영감을 주는 사람'
슈퍼 내향인	• MBTI 정식 검사에서 내향성 만점을 받음. • 사회 초년생 시절 스스로를 '사회 부적응자'라고 생각함. • 내향성을 바꾸고 싶어서 책을 많이 읽음. 『콰이어트』, 『혼자가 편한 사람들』, 『센서티브』, 『인비저블』 등. • 작업실에서 혼자 일하면서 외롭다는 생각을 한 번도 해본 적이 없음.
UX·UI 디자이너	• 열한 살 때 TV 패션쇼를 보면서 '나는 저런 예술적인 것보단 사람들한테 도움이 되는 실용적인 걸 만들고 싶어'라고 생각함. • 책 『인간을 위한 디자인』을 읽고 충격받음. 처음으로 '디자인이란 무엇인가'에 대해 진지하게 생각함. • 대학교 4학년 때 네이버에서 주최하는 UXDP에 참여. 수상 후 네이버 인턴으로 일함. 처음으로 UX·UI에 대해 알게 됨. UX를 전공한 친구들에게서 많은 영향을 받음. • UX·UI 전문 에이전시에서 첫 커리어를 시작함.

자기계발 덕후	• 사회 초년생 시절, 동료가 내 탁상 달력을 보고 "나중에 뭐가 되려는 거야?"라고 말함. 퇴근 후 수강 일정이 달력에 꽉 차 있었기 때문. 생명과학, 마케팅, 글쓰기 등 디자인과 상관없어 보이는 게 많아서 그런 듯하다. • 1,200권 정도의 책이 있음. 개인 작업실이 없던 시기, 방은 작은데 책이 너무 많아서 자다가 깔려 죽을 뻔한 적이 있음. • 글쓰기를 기반으로 하는 실천형 교육 서비스를 공동 창업해 2년 동안 운영함.

여기까지 하고 나면, 앞에서 했던 방식대로 에피소드를 연결해 여러 개의 배경담을 만들 수 있다. 이처럼 자기발견은 뿔뿔이 흩어져 있는 기억의 파편들을 선별해 하나로 엮는 일이다.

[저자의 배경담 예시]

셀프-스토리텔링 과정을 거쳐 '나는 나로 살기로 했다'라는 글을 썼다. 이 글을 온라인에 공표한 순간, '그럼에도 불구하고 나는 디자이너가 될 운명을 가진 사람'이 됐다. 이 글은 언제나 '지금의 내가 존재하는 이유'가 되어 나를 든든하게 지지해주고 있다. 잘 짜인 자기 서사를 가지고 있다는 게 얼마나 나를 안심하게 만드는지 모두가 경험해보면 좋겠다.

어느새 우리는 자기발견 여정의 절반까지 왔다. 충실히 과정을 따라왔다면 분명 과거, 유년 시절, 고유한 성향, 아픔, 성취를 탐구하며 '자연인으로서의 나'는 누구인지 알아가는 의미 있는 시간을 보냈을 것이다.

자, 이제 자기발견의 첫 번째 질문에 답을 할 시간이다.

'나는 누구인가?'

누군가는 짧은 답을, 누군가는 긴 답을, 누군가는 하나의 답을, 누군가는 여러 개의 답을 말할 것이다. 부디 자기 삶을 '이야기의 관점'으로 보는 사람이 되기를 바란다. 또한, 셀프-스토리텔링을 통해 '나는 내 삶을 이렇게 기억하겠다'라고 선언할 수 있기를 바란다.

두 번째 질문에서는 '일하는 사람으로서의 나'를 탐구한다. 자신의 과거와 현재를 파악하고 성향, 실력, 철학을 정의하면서 점차 미래로 나아간다. 지금까지와는 완전히 다른 맥락 속으로 뛰어들게 될 것이다.

05

커리어 타임라인으로 한눈에 정리하기

이전까지 삶의 전반을 둘러보았다면 이제부터는 커리어에 초점을 맞춘다. 자신의 역사, 성향, 실력, 철학 이 네 가지 관점으로 '나의 일'을 새롭게 정의하는 시간을 가질 것이다. '나의 일은 무엇인가'라는 질문에 답하기 위한 자기발견을 시작해보자.

내 일의 역사, 커리어의 본질

흔히 커리어를 직업, 직책, 소속의 나열이라 여긴다. 아니다. 커리어는 자기를 과시하는 이력서만으로는 설명할 수 없다. Job, Work, Position, Workplace는 커리어의 중간 이정표가 될 수는 있지만 커리어 그 자체는 아니다. '특정 시점'에 묶여 있는 개별적인 이벤트이기 때문이다. 커리어는 '일의 역사'로서 시간을 전제하는 개념이며, 축적과 연속성이야말로 커리어의 진정한 본질이다. 성공적인 이정표를 포함해 고난의 순간, 일상의 업무 패턴, 순간의 통찰을 아우른다. 커리어는 조바심을 지양하고 시간을 쌓아가는 장기적인 개념이다. 거창한 이력도 좋지만 나를 만든 의미 있는 순간들을 놓쳐서는 안 된다.

커리어 여정은 불확실하고 불안하다. 그래서 사람들은 언제나 조언을 구할 멘토를 찾아다닌다. 성공의 진리를 찾아서 오랜 시간 헤매지만 실제 삶의 변화를 경험하기는 쉽지 않다. 왜일까? 성공한 멘토들은 종종 현실을 지나치게 단순화한다. 특히 '누구나 노력하면 된다'라는 말이 그렇다. 이는 몹시 매력적인 희망어이지만 중요한 요소들이 빠져 있는 말이다. 이는 성공적인 커리어를 만들어가는 데 기여한 중요한 의사결정의 순간들, 지지 기반, 조력자 등 수많은 세부 사항을 생략한다. 그리고 개개인이 처한 복합적인 현실 변수들을 단지 개인의 의지와 노력의 문제로 일원화한다. 실질적인 변화는 '디테일'에 달려 있기 때문에 이러한 조언은 조심히 받아들여야 한다.

성공한 사람일수록 자신이 당연하게 누려왔던 자원들을 인식하지 못하는 경향이 있다. 유복한 가정환경, 지적인 부모, 유리한 교육 기회, 유명 회사의 경력, 타고난 지능과 성향 등 '노력'에 포함되지 않는 수많은 운의 요소들 말이다. 성공한 사람은 보통 자신과 비슷한 환경, 경험, 기질을 공유하는 사람과 어울리기 때문에 '안 되는 사람'의 처지를 이해하기 어렵다.

물론, '어려운 환경 속에서 자라 아무런 외적 지지를 받지 못했지만 노력해서 지금의 성공에 이르렀다'라는 성공담이 있다. 이러한 자수성가 스토리에서 주목해야 하는 지점은 노력보다 비범함이다. 설령 그의 말대로 삶에서 단 1%의 외적 지지도 받지 못했다 하더라도 완전히 노력만으로 성공했다고 말할 수는 없다. 특정 재능과 열심히 일하려는 성향(배우지 않았지만 이미 가지고 있는 강렬한 투지, 열망, 지능, 강박 등)을 타고난 사람은 이미 행운을 누리고 있는 셈이다. 그가 소유한 특정 재능이 높이 평가되고 보상받는 사회에서 살고 있다면 더욱 그렇다.

경제학자 로버트 H. 프랭크Robert H. Frank는 저서 『실력과 노력으로 성공했다는 당신에게』에서 이렇게 말했다. 성공한 사람들은 자신의 성공에 있어서 행운의 역할을 과소평가하는 경향이 있으며, 자신의 행운을 잘 느끼지 못하는 사람은 타인의 불운을 잘 느끼지 못한다고 말이다. 타인의 커리어에서 교훈을 얻으려면 운과 실력을 구별해야 한다. 어떤 외적 자원과 내적 자원 위에 어떠한 의사 결정이 더해진 것인지 그 사람을 비범하게 만든 디테일을 알아야 한다. "내가 했으니까 너도 할 수 있다"라는 성공 공식은 거짓말이다. 이 세상에 '누구나'란 없다. 각자의 삶은 각기 다른 환경과 조건 속에 펼쳐진다.

그럼에도 불구하고 단 하나, 누구나 가지고 있는 자원이 있다. 바로 '자기 역사'다. 일을 하는 사람이라면 스무 살이 넘었을 테고, 그래서 적어도 20년 이상의 역사를 가지고 있다. 첫 직장을 구하는 취업준비생조차 그렇다. 아무것도 가진 게 없다고 느끼는 사람도 자기 역사를 기반으로 커리어를 쌓아갈 수 있다. 이야기가 없는 사람은 없다. 자기발견 워크숍을 나 자신의 역사로부터 시작한 이유다.

과거에 상상했던 미래, 현재 시점에 돌아보는 과거

'커리어 타임라인'은 자기 역사 연표와는 다른 형태의 시각물이다. 텍스트를 중심으로 구성한 자기 역사 연표보다 훨씬 이미지성이 강하고 함축적이다. 한눈에 '내 일의 역사'를 조망할 수 있다. 내가 이런 형태의 커리어 타임라인을 만들게 된 이유는 커리어란 상상하는 것과 현실 세계에서 만들어가는 것이 매우 다르다는 것을 깨달았기 때문이다. 순전히 실력과 노력만으로 이루어지지 않는다는 진실을 포함해서 말이다.

나는 10대 시절 내내 디자이너가 될 거라 생각했다.

'미술학원에서 그림을 배우고, 디자인 대학에 가서 디자인을 배우고, 디자인 회사에서 멋있는 디자인을 많이 한 다음 유명한 회사로 가서 연봉을 많이 받는다.'

이것이 그 당시에 상상할 수 있는 최고의 성공이었다. 그러나 현실 세계의 커리어는 전혀 달랐다. 미술학원을 다녔지만 고등학교를 졸업한 스무 살부터였고, 디자인 대학에 갔지만 스무 살이 아닌 스무세 살에 진학했다. 어찌어찌 디자인 회사에 입사했으나 사람들과 음성으로 소통하기 어려운 결점을 갖고 있었다. 그리고 지금까지 한 번도 유명한 회사에 다닌 적이 없다. 그렇게 10대에 상상한 미래에 여러 가지 불운들이 껴들면서 예상치 못한 현실을 살았다. 그렇다면 내 커리어는 실패한 것일까?

돌아보면 학창시절에 디자이너가 되고 싶다고 말하면서도 정작 디자이너가 무슨 일을 하는지는 잘 몰랐다. 그저 뭔가 만드는 일을 하고 싶었고, 내가 만드는 결과물이 실용적이면 좋겠다고 생각했다. 그런 일을 하는 사람이 내가 아는 수준에서는 디자이너밖에 없었다. 세상에는 수많은 종류의 디자이너가 있다는 것도 몰랐지만, 그중에서도 특히 UX·UI 디자이너가 될 거라고는 생각하지 못했다. 당연하다. 내가 10대일 때는 존재하지 않은 직업이니까. 또한 10대의 나는 정규직 직장인으로 일하는 것 외에 다른 길이 있다는 생각을 하지 못했다. 교육 서비스를 만들거나 개인 회사를 창업한다는 것 또한 상상할 수 없는 일이었다.

[커리어 요약 장표 예시]

이렇게 '과거에 상상한 미래'와 '현재 시점에 돌아보는 과거'를 비교하게 되면서 무엇이 이런 차이를 만들었는지 좀 더 구체적으로 탐구할 필요를 느꼈다. 커리어를 이루는 요인을 이해하면 앞으로의 커리어를 만들어가는 데 도움이 될 것이기 때문이다.

내세울 만한 스펙이나 회사 타이틀은 없지만 나는 내 커리어 여정을 좋아한다. 행운과 불운, 노력과 실력이 뒤섞여 만들어낸 내적·외적 변화들이 단 하나뿐인 독특한 이야기를 만들어내기 때문이다. '그럼에도 불구하고' 계속 이야기를 만들어가는 현재성을 유지하는 한 우리의 커리어는 끝나지 않는다.

#커리어 타임라인 만들기

1단계. 주요 이정표 정리하기

① 자기 역사 연표, A4 용지, 검정 펜, 두 가지 컬러 펜을 준비한다.

② 자기 역사 연표를 참고해서 커리어와 관련한 이정표를 찾는다. 특정 기간 동안 소속되었던 대상(회사, 프로젝트, 커뮤니티, 학교)을 찾아 별도의 빈 종이에 적는 것이다. 속한 기간을 함께 적는다. 쓰다 보면 자기 역사 연표에 미처 적지 못한 새로운 항목들이 떠오를 것이다.

③ 이정표가 너무 많다면 비슷한 경력을 병합하거나 생략한다. 소속 전과 후 변화가 있었던 이정표 위주로 적는다. 소속 기간이 짧지만 강렬한 영향을 미친 경우가 있는가 하면, 몇 년 동안 소속되어 있었어도 별다른 변화가 없는 경우가 있을 수 있다.

2단계. 커리어 타임라인 초안 틀 잡기

④ A4 용지 상단에 '△△△ ○○○의 커리어 타임라인'이라고 적는다. △△△는 직업, ○○○은 이름이다.

⑤ 종이 정중앙에 가로선을 긋고, 그 위에 정리한 이정표를 적는다.

내 사례는 디자이너로서의 커리어와 작가로서의 커리어를 따로 정리했다. 디자이너 커리어는 오래됐기 때문에 재직한 회사와 수행한 프로젝트가 많지만, 그중에서 중요한 전환점이 된 이정표 여섯 개로 정리했다. 작가 커리어는 짧고, 소속이 없었기 때문에 글 쓰는 일과 연관된 경험 중심으로 정리했다.

[디자이너 커리어 이정표 예시]

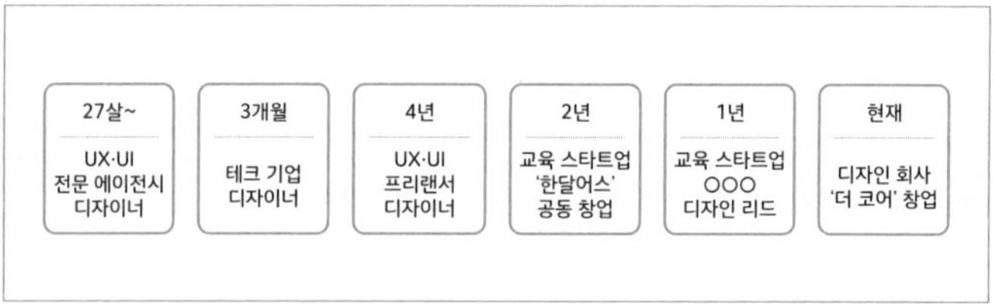

[작가 커리어 이정표 예시]

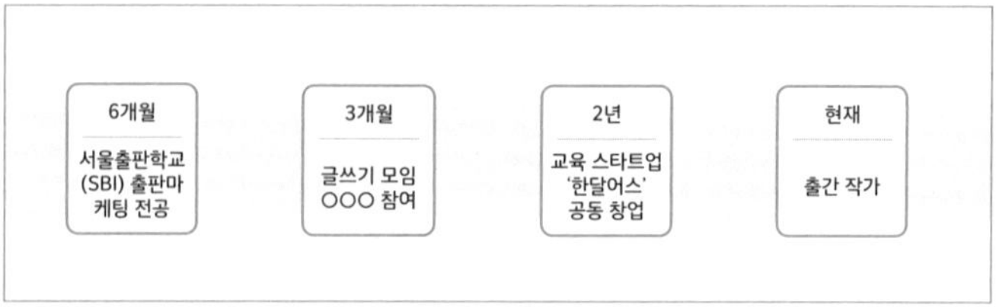

⑥ 이정표를 중심으로 외적·내적 변화를 적는다. 어떤 원인(사건, 사람, 교육, 번아웃 등) 때문에 어떤 결과가 생겼는지 변화의 전과 후를 연결해서 생각한다. 시점이 중요한 항목이 있다면 언제 일어난 일인지 적는다.

⑦ 외적 변화인지 내적 변화인지 유형에 따라 색을 구분해서 적는다. 이 두 가지 변화를 함께 인식하는 것은 중요하다. 겉으로 내세울 게 뭐가 있는지만 생각하다 보면 타인에게 보이는 나만 남고, '일을 하는 주체로서의 나'는 소외되기 때문이다.

외적 변화

눈에 보이는 결과로 이어짐.(성과, 실행, 진급, 역할 변화, 수상 등)

내적 변화

눈에 보이지 않는 결과로 이어짐.(중요한 의사결정, 통찰의 순간, 생각의 전환 등)

⑧ 적다 보면 자기 역사 연표에 없는 새로운 기억들이 떠오를 것이다. 깔끔하게 정리하는 건 나중에 하고, 지저분해지더라도 떠오르는 것들을 자유롭게 많이 적는다. 이정표를 적은 A4 용지에 바로 적기 어렵다면 다음과 같이 따로 작성한 다음 옮겨 적어도 좋다.

원인	결과	변화 유형
대학생 시절, 빅터 파파넥의 『인간을 위한 디자인』을 읽음.	디자인 윤리, 직업 윤리에 대한 관심이 생김.	내적 변화
대학 4학년, 네이버 주최 UXDP 참가. 팀 2위 & 최고 아이디어상 수상.	어떤 디자인을 할지 정하지 못하고 있었는데 UX·UI 분야로 진로를 정하는 데 영향을 미침.	외적 변화
1차 번아웃. 목소리 때문에 일을 잘할 수 없다는 생각에 스트레스가 심해짐.	• 1년 휴식. • 서울출판학교에 들어감. • 디자인과 커뮤니케이션을 나만의 언어로 정의함.	외적 변화

[저자의 커리어 타임라인 초안]

디자이너, 작가 두 갈래로서의 커리어 타임라인 예시를 확인할 수 있다.

4단계. 커리어 타임라인 초안 분석하기

⑨ 아래 질문을 참고해 타임라인 초안을 분석한다.

• 질문 1. 스무 살 이후, 주제적인 의사결정을 한 최초의 순간은 언제인가?

'스무 살'은 어른이 되는 순간을 상징하는 단어다. 타인의 기대나 압박에서 벗어나 자기 의지를 발현한 순간으로부터 자기 자신에 대한 많은 것을 알 수 있다. 사람에 따라 서른 살, 마흔 살이 되어서야 처음으로 주체적인 선택을 할 수도 있다. 진짜 어른이 되는 '스무 살'은 각자에게 다른 시기에 찾아온다.

• 질문 2. 커리어에 영향을 미친 우연적 요소는 무엇인가?

내 커리어에서 행운은 무엇이고 불운은 무엇인가. 사건인가, 사람인가, 정보인가. 그것은 나에게 어떤 변화를 일으켰는가. 그 우연이 없었다면 지금의 나는 어떤 상태일까.

• 질문 3. 노력 또는 실력으로 만든 변화는 무엇인가?

어떤 상황에서 어떤 노력을 했는가. 어떻게 실현 가능했는가. 그 노력 또는 실력이 없었다면 지금의 나는 어떤 상태일까.

• 질문 4. 의사결정의 패턴이 있는가?

일과 회사를 선택할 때, 퇴사나 이직을 결심할 때, 일터나 관계에서 벌어지는 불확실성에 어떻게 반응하는가. 선택의 순간마다 결국 어떤 가치를 향해 갔는가. 내적 욕구와 다른 선택을 한 사례가 있는가. 외적 요인에 의해 선택한 사례가 있는가.

⑩ 질문에 답을 하면서 새롭게 떠오르는 생각에 따라 타임라인의 요소들을 추가, 제거, 분리, 병합한다.

⑪ 그중 커리어에 영향을 미친 주요한 것들은 잘 보이게 표시한다.

⑫ 새로운 A4 용지를 준비한다. 상단에 직업, 이름을 적는다.

⑬ 타임라인 초안을 보고 핵심 이정표와 변화를 선별해 옮겨 적는다.

⑭ 커리어 전반을 대표하는 키워드 세 개를 추출한다. 커리어 전반을 네다섯 줄로 요약한다.

⑮ 타임라인 초안과 완성본은 둘 다 콘텐츠를 제작할 때 활용할 자원이다. 이는 커리어를 자세히 묘사한 버전과 간략히 요약한 버전이다. 자기 역사 연표와 함께 잘 모아두자.

[저자의 커리어 타임라인 완성본]

나에게 디자이너와 작가라는 두 커리어는 매우 밀접하게 연관되어 있기 때문에 최종적으로는 한 장으로 정리했다. 참고하여 나만의 특별한 타임라인을 만들어보자.

나는 내 커리어 여정을 좋아한다.
행운과 불운, 노력과 실력이 뒤섞여 만들어낸
내적·외적 변화들이 단 하나뿐인 독특한 이야기를
만들어내기 때문이다.
'그럼에도 불구하고' 계속 이야기를 만들어가는 현재성을
유지하는 한 우리의 커리어는 끝나지 않는다.

06

나의 커리어 지향성 파악하기

커리어에 영향을 미치는 또 다른 중요한 요소가 있다. 바로 '커리어 지향성'이다. 일의 역사를 만드는 과정에서 중심을 잡아주는 내적 욕구로, 개인의 능력, 동기, 가치에 의해 형성된다. 미국의 저명한 조직심리학자이자 경영학자인 애드거 샤인Edgar H. Schein이 저서 『내 생애 커리어 앵커를 찾아서』에서 제시한 개념으로, '커리어 앵커(Career Anchor)'라고도 부른다.

사람들은 직업적 기술이나 목표만이 아니라, 자신의 핵심 가치와 정체성을 중심으로 경력을 만들어간다. 그러나 커리어 초기에는 이러한 지향성이 뚜렷하지 않을 수 있다. 아직 경험이 부족해 자신이 어떤 능력과 동기를 가졌는지 충분히 알지 못하기 때문이다. 커리어의 초반은 조직과 직업이 요구하는 것을 배우는 동시에 자신에 대해 탐구하는 시기다. 이렇게 일 경험을 쌓아가며 커리어 지향성은 서서히 구체화되고, 경력 중반 이후에는 고정되는 경향이 있다. 애드거 샤인은 커리어 지향성을 여덟 가지로 분류했다.

1. 전문가 역량(Technical/Functional Competence)
2. 총괄 관리자 역량(General Managerial Competence)
3. 창업가 역량(Entrepreneurial Creativity)
4. 순수한 도전(Pure Challenge)
5. 봉사/헌신(Service/Dedication to a Cause)
6. 자율성/독립성(Autonomy/Independence)
7. 보장성/안정성(Security/Stability)
8. 라이프 스타일(Lifestyle Integration)

어떤 커리어 지향성을 추구하느냐에 따라 같은 직업, 같은 회사에서도 경험은 완전히 달라질 수 있다. 예를 들어, 안정성을 중시하는 사람은 체계적인 시스템에서 만족감을 느끼지만, 자율성을 중시하는 사람에게는 같은 환경이 답답하게 느껴질 수 있다. 한편, 전문가적 역량을 중시하는 사람이 관리직으로 승진할 경우 더 큰 책임과 보상을 얻을 수 있지만, 오히려 직업적 만족감은 떨어질 가능성이 있다.

커리어 지향성은 어려운 선택의 순간에도 결코 포기할 수 없는 핵심 가치다. 이것을 이해한다는 것은 '무엇이 나인지, 무엇이 내가 아닌지'를 깨닫는 과정과 같다. 자신의 지향성을 외면

하면 외부의 압박에 의해 내부 욕구와 갈등을 빚어 의사결정의 순간마다 괴롭고, 잘못된 선택을 하게 된다.

커리어 형성을 방해하는 3가지 동기

커리어 지향성은 중요하다. 하지만 이를 충족시키는 데는 오랜 시간이 걸린다. 자신의 지향성을 몰라서일 수도 있지만, 알고 있더라도 현실적인 이유로 내적 욕구를 뒤로 미루거나, 회피하거나, 심지어 포기하기 때문이다.

동기와 성과의 상관관계를 연구한 책 『무엇이 성과를 이끄는가』를 공동집필한 닐 도쉬Neel Doshi와 린지 맥그리거Lindsay McGregor는 모티브 스펙트럼(Motive Spectrum)이라는 개념을 통해 내적 욕구를 억누르고, 성과를 저해하는 주요 원인 세 가지를 제시한다.

첫 번째는 정서적 압박감(Emotional Pressure)이다. 실망, 죄책감, 수치심 등의 감정에 이끌려 일을 한다. 이런 경우 사회적 기대나 타인의 시선을 충족하려는 압박으로 인해 행동한다. 업무 자체에서 동기를 얻지 못하기 때문에 압박감이 커질수록 성과가 떨어진다. 남들에게 자랑스러워 보이기 위해 특정 직업을 유지하는 경우가 이에 속한다.

두 번째는 경제적 압박감(Economic Pressure)이다. 보상을 얻거나 처벌을 피하기 위해 일을 하는 경우다. 이는 소득 수준과 관계없이 누구나 느낄 수 있다. 생계를 유지하거나 경제적 안정을 위해 일을 선택하는 유형과 더불어 일의 본질(재미, 의미)이 아닌 보상과 처벌에 의해 움직이는 유형을 말한다.

세 번째는 타성(Inertia)이다. 동기 자체가 없는 경우다. 과거의 행동 패턴이나 익숙한 환경에 따라 일을 지속한다. '항상 이렇게 해왔으니까'라는 태도가 지배적이다. 기존 상태를 유지하려는 경향이 강해 변화나 새로운 시도를 꺼린다.

새롭게 정의한 12가지 커리어 지향성

커리어를 형성하는 과정에서 항상 자기 욕구에 충실하기란 쉽지 않다. 시기와 상황에 따라, 외부의 압박에 의해 원하지 않는 선택을 해야 하는 순간이 적지 않기 때문이다. 애드거 샤인이 제시한 커리어 지향성은 이상적이다. 그러나 현실에서는 부정적인 동기에 의해 움직이는 경우가 흔하다. 반복적인 외부 압박과 동기 결핍으로 인해 본래 원하지 않더라도 겉으로는 부정적 동기를 지향하는 것처럼 보일 수 있다.

이러한 현실을 반영하기 위해, 새로운 버전의 커리어 지향성 모델을 만들었다. 애드거 샤인의 커리어 지향성과 모티브 스펙트럼의 부정적 동기를 조합한 다음 '협력적 성장'이라는 키워드를 더한 것이다. 몇몇 지향성은 직관적으로 이해할 수 있도록 명칭을 조정했다. 이렇게 재정의한 열두 가지 커리어 지향성은 세 가지 카테고리로 나눌 수 있다.

업무 지향성

일 자체의 특성과 직무 내용에 초점을 맞춘 지향성이다. 이 카테고리를 추구하는 사람에게는 '무엇을 하는가'가 가장 중요하다.

환경 지향성

일의 환경과 조건, 관계 등에 초점을 맞춘 지향성이다. 이 카테고리를 추구하는 사람에게는 '어떤 방식으로 어떤 환경에서 일하는가'가 가장 중요하다.

현실 지향성

외부 압박에 의해 어쩔 수 없이 선택하는 지향성이다. 내적 욕구와는 무관하지만 현실적인 이유로 경력에 영향을 미친다.

각 카테고리에 속하는 지향성의 상세한 정의는 다음과 같다. 다음의 표를 보며 다양한 지향성의 특징을 살펴보자.

카테고리	지향성	설명
업무 지향성	전문성 역량	**핵심 키워드 : 장인 정신, 최고 역량, 깊은 학습** 특정 분야에서 최고 수준의 기술과 지식을 갖추길 원한다. 관리자의 칭찬보다 동료의 인정을 더 중요하게 여기며, 일반 관리직보다 전문 분야의 관리자가 되는 데 가치를 둔다. 스스로 전문가임을 느끼는 것이 만족의 원천이다.
	관리자 역량	**핵심 키워드 : 조직 관리, 리더십, 전략적 사고** 조직 상층부로 올라가 정책 결정을 주도하려는 야망이 있다. 팀과 조직의 성과를 이끌고, 리더로서 책임 있는 의사결정을 하는 데서 성취감을 느낀다. 전문 분야보다는 여러 분야를 아우르는 총괄 관리자가 되기를 원한다.
	창업가 역량	**핵심 키워드 : 창업, 실행력, 수익 창출** 새로운 아이디어, 독창적인 프로젝트를 실행하는 창의성을 발휘한다. 시장의 인정을 받아 수익을 창출하는 경제적 성공을 원한다는 점에서 연구가, 예술가, 발명가, 시장 분석가와 다르다. 아이디어맨에서 그치지 않는 실천가다.
	문제 해결 역량	**핵심 키워드 : 지적 도전, 경쟁과 극복, 새로운 목표** 복잡하고 어려운 문제를 해결하거나 도전적인 환경을 극복하는 과정에서 성취감을 얻는다. 끊임없이 새로운 목표를 추구한다. 고위 관리직을 맡는 것보다는 힘든 문제와 씨름해 일을 마무리하는 것을 더 중요하게 여긴다.
	사회적 가치	**핵심 키워드 : 봉사, 공익 추구, 의미 있는 삶** 일을 선택할 때 재능보다 가치관에 더 중점을 둔다. 타인을 위해 자기 능력을 사용할 때 성취감을 느낀다. 실질적으로 사회적 가치를 실현하고 타인의 삶에 긍정적인 영향을 미치며 더 나은 세상을 만들고자 하는 열망이 있다.

환경 지향성	자율성	**핵심 키워드 : 독립성, 자기 결정권, 자기표현** 규칙, 절차, 근무 시간, 복장 규정 등 갖가지 규범에 구속되는 것을 힘들어한다. 규칙과 제약에 얽매이지 않고 자기 방식대로 일하는 것이 중요하다. 자율과 결정권이 주어진 상황에서 목표를 달성할 때 성취감을 느낀다.
	안정성	**핵심 키워드 : 고용 보장, 예측 가능성, 장기적 계획** 경제적 안정과 예측 가능한 환경을 가장 중요하게 여긴다. 오래 다닐 수 있고, 복리후생이 잘 되어 있으며, 튼튼하고 의지할 만한 회사를 지향한다. 조직과의 일치감을 통해 만족감을 얻는다.
	관계적 성장	**핵심 키워드 : 팀워크, 소속감, 동반 성장** 유능하고 좋은 사람들과 함께 일하고 싶은 욕구가 강하다. 집단의 성과와 인간관계에서 만족감을 느낀다. 팀과 함께 동반 성장하는 데 초점을 둔다.
	일과 삶 조화	**핵심 키워드 : 융통성, 가족과 건강, 여가 생활** 개인, 가족, 직업이 균형을 이루는 것을 중요시한다. 자신의 가치관과 조화를 이루는 환경에서 만족감을 느낀다. 일에 대해 삶을 구성하는 여러 가지 요소 중 하나로 본다.
현실 지향성	정서적 압박	**핵심 키워드 : 의무감, 사회적 기대, 부정적 피드백** 사회적 기대나 타인의 시선을 충족하려는 압박에 의해 행동한다. 실수에 대한 두려움, 기대를 저버리는 죄책감, 잘 보이고 싶은 마음에 끌려 다닌다.
	경제적 압박	**핵심 키워드 : 생계유지, 금전적 보상, 은퇴 대비** 일 자체가 아닌 보상과 처벌에 의해 행동한다. 생계유지, 경제적 안정성을 위해 일을 선택한다.
	관성	**핵심 키워드 : 의욕 없음, 현상 유지, 변화 회피** 아무 동기 없이 습관이나 익숙한 환경에 따라 행동을 반복하는 상태다. 기존의 방향성을 유지하고 변화를 기피한다.

사람들은 열두 가지 지향성을 모두 가지고 있다. 누구나 각 항목에 대해 조금씩 공감을 하지만, 유독 강하게 욕망하는 지향성은 저마다 다르다. 지향성은 좋고 나쁨 혹은 옳고 그름의 대상이 아니다. 개인의 능력, 동기, 가치에 따르는 것이며 일 경험이 쌓이면서 점차 명확해진다. 비슷한 커리어를 시작했어도 지향성에 따라 점차 서로 다른 길을 걷게 된다.

내 커리어 지향성 파악하기

① '커리어 지향성 워크시트'에 이름과 날짜를 적는다.

② 커리어 지향성 중에서 중요하다고 생각하는 것을 체크한다. 본인이 작성한 커리어 타임라인을 참고한다.

[커리어 지향성 워크시트 예시]

업무 지향성			환경 지향성			현실 지향성		
전문성 역량	- 장인 정신 - 최고 역량 - 깊은 학습	✓	자율성	- 독립성 - 자기 결정권 - 자기 표현	✓	정서적 압박	- 의무감 - 사회적 기대 - 부정적 피드백	✓
관리자 역량	- 조직 관리 - 리더십 - 전략적 사고	☐	안정성	- 고용 보장 - 예측 가능성 - 장기적 계획	☐	경제적 압박	- 생계유지 - 금전적 보상 -은퇴·자녀 대비	☐
창업가 역량	- 창업 - 실행력 - 수익 창출	✓	관계적 성장	- 팀워크 - 소속감 - 동반 성장	☐	관성	- 의욕 없음 - 현상 유지 - 변화 회피	☐
문제 해결 역량	- 지적 도전 - 경쟁과 극복 - 새로운 목표	☐	일과 삶 조화	- 융통성 - 가족과 건강 - 여가 생활	☐			
사회적 가치	- 봉사 - 공익 추구 - 의미 있는 삶	☐						

③ '내적으로 추구하는 지향성'과 '현실에서 실제로 선택한 지향성'을 1~3위까지 중요도에 맞춰 적는다. 그동안 만들어온 커리어와 내적 지향성 사이에 모순이 있는지 인식할 수 있다.

우선순위	내적으로 추구하는 지향성	현실에서 실제로 선택한 지향성
1	자율성	전문성 역량

④ 작성한 지향성 순위를 보면서 떠오른 생각을 글로 작성한다. 아래 질문들을 참고한다.

- 다른 지향성은 다 포기하더라도 도저히 이것만큼은 포기할 수 없다고 느끼는 단 하나의 지향성은 무엇인가? 그 지향성과 연관된 에피소드는 무엇인가?
- 내적으로 추구하는 지향성과 실제로 선택한 지향성에 차이가 있는가? 이런 모순이 생기는 이유는 무엇인가?
- 커리어를 방해하는 내적·외적 요인이 있었는가? 어떤 요인인가? 이에 대해 어떻게 반응했는가?
- 자신의 지향성에 맞는 커리어를 위해 무엇을 할 수 있을까?

[커리어 지향성 워크시트]

워크시트에 본인이 추구하는 커리어 지향성을 체크해본 후 내가 중요시하는 핵심 가치에 대해 생각해보자.

[작성 예시]

오랫동안 내 커리어 지향점은 '전문가 역량'이었다. 디자이너로서 능력을 키우고 동료들의 인정을 받는 것이 목표였다. 그러나 커리어 타임라인을 돌아보니 진정으로 추구한 것은 '자율성'이었다. 전문성은 자율성을 위한 수단이었다. 실력이 있어야 선택지가 넓어지고, 나에게 맞는 일과 환경 그리고 사람을 선택할 수 있기 때문이다.

자율성이 보장된 환경에서는 좋아하지 않는 일도 해낼 수 있지만, 반대로 자율성이 없으면 저항감을 느껴 좋아하는 일조차 큰 스트레스가 된다. 그래서 나에겐 전문성 역량보다 자율성이 더 중요하다는 것을 깨달았다.

최근에는 '창업가 역량'에 관심이 생겼다. 지금까지 쌓은 전문성을 바탕으로 자율성을 해치지 않는 선에서 창업가로서의 역량을 키워보려고 한다. 앞으로 자율성, 전문가 역량, 창업가 역량이라는 세 축을 중심으로 자유롭고 창의적이면서도 지적인 커리어를 만들어가고 싶다.

커리어 지향성은 어려운 선택의 순간에도
결코 포기할 수 없는 핵심 가치다.
이것을 이해한다는 것은 '무엇이 나인지,
무엇이 내가 아닌지'를 깨닫는 과정과 같다.

07

전문성 차트를 기반으로 성장하기

일을 잘한다는 것의 의미

전문성을 명확히 정의하기란 쉽지 않다. 일을 잘한다는 것은 무엇일까? 소프트웨어 개발자 앤디 헌트Andy Hunt는 저서 『실용주의 사고와 학습』에서 전문성 이해를 돕는 개념을 소개했다. 1970년대, 드라이퍼스 형제가 숙련된 전문가들을 관찰하며 기술 습득 과정을 연구해서 만든 '드라이퍼스 모델(Dreyfus Model of Skill Acquisition)'이다. 초보자에서 전문가에 이르는 5단계 기능 습득 과정을 체계적으로 설명하며, 자신이 어느 단계에 속해 있는지 스스로 진단할 수 있는 틀을 제공한다.

드라이퍼스 모델은 단순히 잘한다, 빠르다, 똑똑하다와 같은 평면적인 판단 기준을 넘어선다. 기술 수준에 따라 개인의 능력, 태도, 관점이 어떻게, 왜 변화하는지 설명한다. 이 모델은 재능이나 개성을 평가하는 것이 아니다. 후천적 훈련으로 습득한 특정 기술에 초점을 맞춘다. 한 사람이 모든 분야에서 초보자이거나 전문가일 수는 없다. 기술 영역에 따라 각기 다른 단계를 밟는다.

경험은 전문성을 키우는 핵심 요소다. 드라이퍼스에서 말하는 경험은 특정 기술을 지속적으로 사용하면서 '사고와 관점에 변화가 생기는 경험'을 말한다. 10년 경력을 가졌다고 해서 반드시 전문가라고 할 수는 없다. 1년짜리 경험을 열 번 반복한 것에 불과하다면 낮은 단계에서 정체될 수밖에 없다. 실력은 연차에 비례하지 않는다. 그렇다면 한 사람의 능력을 어떻게 평가해야 할까?

초보자는 규칙에 의존한다. 어떤 정보에 집중해야 할지 판단하지 못해 모든 것을 한꺼번에 보고 싶어 하고, 종종 너무 많은 정보에 압도된다. 자신의 작업이 시스템과 어떻게 연결되는지 이해하지 못하고, 실수가 발생하면 규칙이나 시스템, 조직을 탓한다. 반면 전문가는 직관으로 일한다. 중요한 문제에 집중하며 자신이 시스템의 일부임을 이해한다. 목표를 설정하고 실행을 계획하며 결과에 감정적으로 관여하고, 이에 대한 책임감을 강하게 느낀다. 우리는 초보자와 전문가 그 사이 어딘가에 있다.

기술 단계	특징
1단계. 초보자 Novice	• 매뉴얼에 의존하고 배운 대로만 한다. • 문제가 생기면 매뉴얼, 절차, 시스템을 탓한다. • 같은 실수를 반복하고 상황 판단에 미숙하다. • 쉽게 포기하며 타인의 도움에 의존한다.
2단계. 고급 입문자 Advanced beginner	• 큰 그림을 보지 못하고 자신과 무관하다고 느낀다. • 상황에 맞는 방법을 시도하지만 확신이 없고 해결이 어렵다. • 정보 선별을 못해 압도된다. • 문제 발생 시 매뉴얼을 탓하기보다 다른 대안을 찾는다. • 우선순위 판단에 미숙하고 타인의 도움에 의존한다. • 일의 결과에 큰 관심이 없다.
3단계. 중급자 Competent	• 스스로 문제를 발견하고 해결한다. • 계획을 수립하고 경험을 활용한다. • 전문가의 조언을 효과적으로 활용할 수 있다. • 선택한 결과에 책임을 느낀다. • 새로운 문제에 당황하지 않는다. • 능력을 인정받아 팀을 이끌고 초보자의 멘토가 된다.
4단계. 숙련자 Proficient	• 스스로 잘못을 교정할 수 있다. • 맥락과 큰 그림을 이해한다. • 타인의 경험에서 배울 수 있다. • 우선순위 판단에 능숙하지만 구체적인 실행법은 모를 수 있다. • 경험을 바탕으로 다음 상황을 예측한다.
5단계. 전문가 Expert	• 규칙을 초월해 직관으로 일한다. 맥락과 패턴을 읽는다. • 목표, 실행, 결과에 책임을 느낀다. • 정보와 지식의 근원이다. • 새로운 상황에 대한 대처 능력이 높다.

보통 자신이 중간쯤에 있다고 생각하지만, 실제로는 대부분의 사람이 평생 고급 입문자 수준에 머문다. 기술 수준이 낮을수록 자신의 부족함을 인지하지 못하는 경향이 있다. 이를 더

닝-크루거 효과(Dunning-Kruger Effect) 또는 이차적 무능력이라고 부른다. 낮은 수준일수록 더 쉽게 확신을 갖는다. 반대로 전문가는 자신이 아는 것이 얼마나 적은지 깨닫고, 신중하고 조심스럽게 행동한다.

전문가로 성장하기 위해서는 자신이 현재 어느 단계에 있는지 냉정하게 파악하고, 배우려는 태도를 유지해야 한다. 능숙한 사람이어도 스스로 고급 입문자라고 가정하는 편이 낫다. 전문가라고 가정하면 학습을 멈추기 쉽지만, 스스로 초보자에 가깝다고 여기면 배우는 자세를 유지하며 성장을 지속할 수 있기 때문이다.

사수 없이 일하며 성장하는 법

전문성 단계를 올라가려면 어떻게 해야 할까? 『1만 시간의 재발견』을 쓴 심리학자 안데르스 에릭슨Anders Ericsson은 '의식적인 연습'이 전문성을 키우는 핵심이라고 말한다. 단순히 오랜 시간 노력한다고 실력이 늘지는 않는다. 오랜 운전이나 요리 경험이 전문가로 이어지지 않는 것을 보면 알 수 있다. 성실함에도 전략이 필요하다.

의식적인 연습은 목표와 그에 도달하는 방법을 알고 하는 연습이다. 그러나 초보자는 상위 단계 경험이 없어서 단순 반복에 그친다. 이를 해결하려면 훌륭한 코치의 도움이 필요하지만, 일터에서 좋은 사수를 만나는 건 쉽지 않다. 그렇다면 사수 없이 어떻게 스스로 성장할 수 있을까?

'3F' 원칙을 기억해야 한다. 바로 Focus(집중), Feedback(피드백), Fix it(수정)이다. 먼저, 전문성을 구성하는 세부 요소를 잘게 나누고 이에 집중해야 한다. 그 후 피드백을 통해 부족한 부분을 파악하고 수정하는 과정을 반복한다.

이 과정에서 중요한 개념이 '심적 표상'이다. 특정 상황에서 신속하고 효율적으로 반응하도록 돕는 마음속 정보 패턴이다. 초보자와 전문가의 차이는 심적 표상의 양과 질에 있다. 초기에는 심적 표상이 불확실해 성장에 어려움이 있지만, 기초적인 심적 표상을 한 번 세우고 나면 그 위에 새로운 심적 표상을 쌓아가며 점점 더 효과적으로 발전할 수 있다.

일은 다양한 세부 역량으로 이루어져 있어 '일을 잘한다'는 말을 사람마다 다르게 해석한다. 나는 이를 명확히 하고, 의식적인 연습을 돕기 위해 업무 경험을 바탕으로 '전문성 휠'을 고안했다. 이는 태도, 지식, 기술, 소통, 사고, 지혜라는 여섯 가지 기둥으로 구성된다.

주니어와 시니어의 역량을 구분했는데, 주니어는 실무에 집중하기 때문에 Player로, 시니어는 조직 전체를 고려하기 때문에 Leader로 명명했다. 주니어의 역량인 태도, 지식, 기술은 독학으로 어느 정도 갖출 수 있지만, 시니어의 역량인 소통, 사고, 지혜는 현장 경험 없이 얻을 수 없다. 여섯 가지 요소 중 다소 낯설게 느껴질 수도 있는 '지혜'는 자신, 타인, 그리고 환경 간의 이해와 조화를 이루는 능력이다.

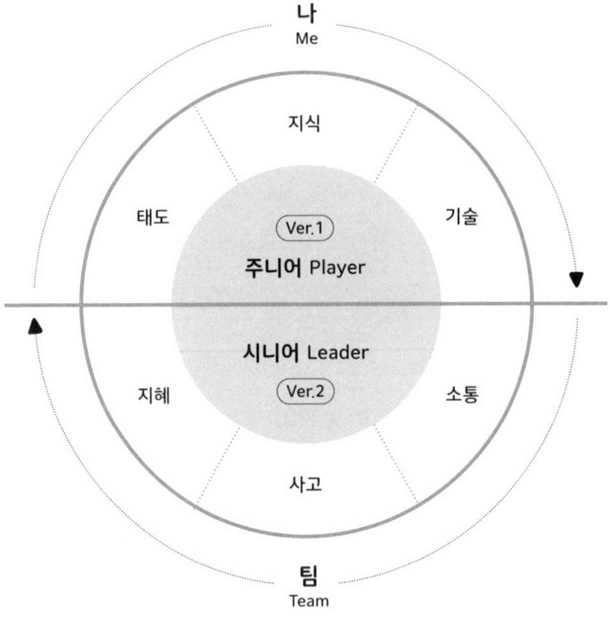

[전문성 휠]

경력이 오래됐다고 시니어 역량이 저절로 쌓이지 않는다. 개인 성과에만 집중하면 시니어라 할 수 없고, 공식적인 리더가 아니더라도 조직과 협력하며 목표를 고려해 일하면 리더다운 태도를 가진 것이다.

나는 언제나 드라이퍼스 모델과 전문성의 여섯 기둥을 염두에 두며 일한다. 각 요소를 균형 있게 발전시키기 위해 배우고 성찰하며 부족한 부분을 하나씩 보완해 나간다. 우리는 누구나 자신을 가르치는 독학자가 될 수 있다. 사수 없는 성장은 스스로 멘토가 되는 것에서 시작된다.

[전문성 리스트 워크시트]

내 일의 전문성 정의하기

① '전문성 리스트 워크시트' 상단에 이름, 날짜와 함께 어떤 전문가가 될 것인지 적는다. 단지 역할 또는 직책만 적는 게 아니라 '어떤' 전문가가 될 것인지 역할을 수식해야 한다. 전문성 단계는 가장 마지막에 작성한다.

이진선 전문성 리스트 OOOO년 O월 O일

함께 일하고 싶은 디자인 전문가	전문성 단계

② 자신이 지향하는 전문가는 어떤 역량을 갖춰야 할지 생각

한다. 전문성의 여섯 가지 기둥에 대한 자기만의 해석을 하는 것이다. '만약 지금 작성하는 이 역량들을 고루 갖춘다면 내가 지향하는 그 전문가가 될 수 있을까'를 고려하면서 각 역량별로 세부 역량을 두 가지씩 작성한다. 잘 떠오르지 않는다면 지금 당장 모든 칸을 채우지 않아도 괜찮다. 하지만 역량별로 하나씩은 적어야 한다. 혹시 누군가는 기둥마다 세 개 이상의 세부 역량이 필요할 수 있지만, 너무 많으면 현실적으로 실행하기 어렵다. 두 개 이내의 세부 역량을 정하고 습득한 후 하나씩 추가해나가자.

③ 열두 개의 세부 역량을 작성했다면 각 역량이 무엇을 의미하는지 서술한다. 같은 단어도 사람마다 다르게 이해한다. '내가 생각하는 의미'를 적는다.

④ 드라이퍼스 모델을 기준으로 열두 개 세부 역량별로 자신이 어느 단계에 속해 있는지 진단한다. 1~5단계 중 자신이 속한 단계를 숫자로 적는다.

[전문성 리스트 작성 예시]

Ver.1	역량	세부 역량	정의	단계
주니어 Player | 나 Me	태도	셀프 멘토링	실무 현장에서는 누구도 친절하게 가르쳐 주지 않는다. 배움의 주체는 학습자다. 언제 어디에서 일하든 스스로 배우고 성장하는 학습력이 중요하다.	5
		태도성장형 마인드셋	배우면 발전할 수 있다. 실패를 능력 부족으로 보고 좌절하기보다 학습 기회로 받아들일 수 있다면 지속해서 자신을 개선하며 더 나은 사람이 될 수 있다.	5

주니어 Player | 나 Me	지식	디자인 트렌드	산출물의 완성도를 높이고, 고객이 '좋은 디자인'이란 무엇인지 이해할 수 있도록 돕기 위해 항상 디자인 트렌드를 살펴야 한다.	4
		지식업계 트렌드	디자인은 비즈니스의 일부다. 예쁘기만 하다고 사업이 잘되지 않는다. 비즈니스의 현황과 목적에 따라 디자인의 역할을 제시할 수 있도록 업계 트렌드를 살펴야 한다.	4
	기술	UI 툴	효율이 떨어지는데도 익숙한 기존 툴을 버리지 못하는 디자이너들이 있다. 일을 하는 데 필요하다면 언제든 빠르게 익혀야 한다. 툴 숙련도는 협업을 매끄럽게 이끄는 데도 영향을 미친다.	4
		프레젠테이션	UX·UI 디자인은 결과물만으로는 의도 전달이 어렵다. 언변이 화려하지 않아도, 고객이나 다른 포지션 동료들의 관점에서 수월하게 이해할 수 있는 방식으로 전달할 수 있으면 충분하다.	5

Ver.2	역량	세부 역량	정의	단계
시니어 Leader | 조직 Team	소통	이해관계자 파악	프로젝트 진행을 위해 가장 먼저 할 일은 이해관계자 파악이다. 고객사, 사용자, 동료 등 프로젝트에 영향을 미치는 사람들과 디자인의 결과물이 영향을 미칠 사람들에 대한 이해 없이 좋은 디자인을 할 수 없다.	4
		유연함	업계 특성상 팀, 고객, 산업군이 프로젝트마다 달라진다. 빠른 상황 판단으로 유연하게 대응해야 한다. '효율'은 때때로 사람을 도구로 전락시킨다. 개개인성을 인정하면서 동시에 팀의 목표를 인식해야 한다.	4

시니어 Leader | 조직 Team	사고	본질주의	복잡함 속에서 핵심적인 본질을 파악하고, 단순명료하게 풀어낸다. 현재 시점에서 진정으로 중요한 것이 무엇인지 끊임없이 되물어야 한다. '모든 것을 다'가 아니라 '핵심'에 집중한다.	5
		실용주의	기술, 시간, 예산의 한계를 인정하고, 구현 가능한 최선의 방법을 만들어낸다. 실제 쓰이는, 실효성이 있는 산출물을 지향한다.	4
	지혜	높은 완성도	산출물의 완성도를 최상으로 끌어올린다. 디자인은 단지 아름다움만을 추구하는 것이 아니라, 사용자 경험과 비즈니스 목표를 충족해야 한다. 완성도 높은 결과물은 팀 전체의 역량을 반영한다.	4
		일의 철학 추구	할 수 있다고 해서, 해도 되는 것은 아니다. 디자이너는 언제나 '나는 무엇을 만들고 있는가'라는 질문을 잊지 않아야 한다. 자신의 가치관을 배반하는 작업이라면 거부해야 한다.	2

⑤ 주니어 레벨이라면 시니어 레벨의 역량을 정의하기 어렵겠지만 지금 수준에서 자신이 이해하는 것을 적으면 된다. 경험이 쌓이고 실력이 향상되면서 점차 열두 가지 역량에 대한 정의가 달라질 것이다. 시기마다 달라지는 역량의 정의를 지켜보면서 자기 성장 과정을 확인할 수 있다.

⑥ 모든 항목을 작성한 후 워크시트의 상단에 있는 '전문성 단계'를 숫자로 적는다. 열두 가지 역량 수준을 종합해서 자신의 전문성 단계를 평가해보는 것이다.

⑦ '전문성 차트 워크시트'에 열두 가지 세부 역량을 작성한다. 자기만의 전문성 휠을 한눈에 볼 수 있다. 전문성 리스트와

함께 잘 보이는 곳에 두고, 자주 보면서 실력을 쌓아보자.

[전문성 차트 워크시트]

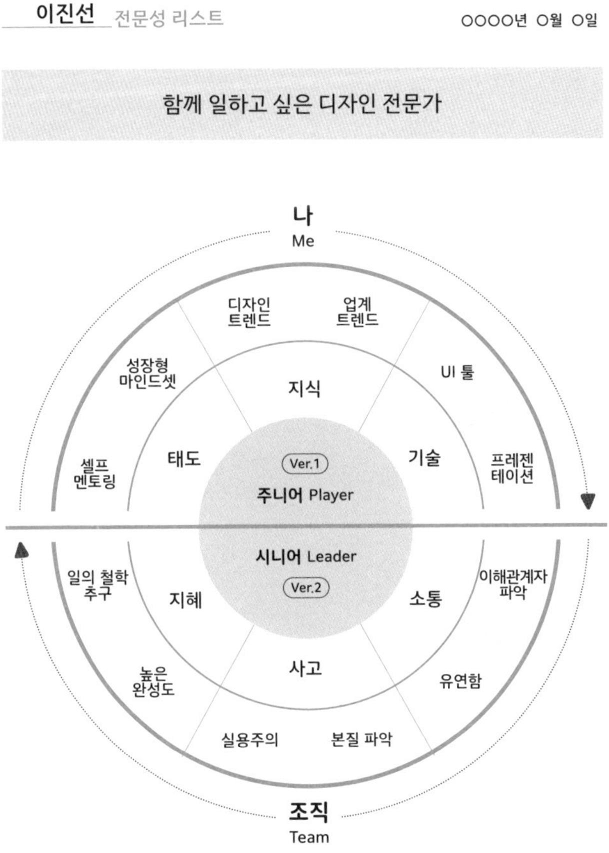

[저자의 전문성 차트 예시]

08

일의 철학 세우기

지금, 지혜(Wisdom)를 말하는 이유

저명한 심리학자 로버트 스턴버그Robert J. Sternberg는 지능을 단순히 IQ로만 평가할 수 없다고 강조하며 지능과 창의성을 연구했다. 하지만 그는 이 두 가지 요소만으로는 인간의 복잡한 행동과 사고를 온전히 설명하기 어렵다는 것을 깨닫고, 연구의 초점을 지혜(Wisdom)로 확장했다.

스턴버그는 WICS(Wisdom, Intelligence, and Creativity Synthesized) 모델을 통해 지혜, 지능, 창의성이 조화를 이루어야 효과적인 리더십과 문제 해결이 가능하다고 주장했다. 특히 지혜를 리더십의 핵심 요소로 강조하며, 이를 '자신과 타인의 이익을 조화롭게 조율하고 공익을 위한 결정을 내리는 능력'으로 정의했다.

조직 심리학자 애덤 그랜트Adam M. Grant는 『기브 앤 테이크』에서 인간의 상호작용 방식을 세 가지로 분류했다. 테이커(Taker)는 자신의 이익을 우선하며 받는 데 집중하고, 매처(Matcher)는 주고받음을 공정하게 맞추려 한다. 반면 기버(Giver)는 자신의 이익을 넘어 타인을 돕는 데 초점을 둔다.

흥미로운 점은 기버가 세 유형 중 가장 크게 성공하거나, 가장 크게 실패할 가능성이 높은 유형이라는 것이다. 성공한 기버는 자신의 이익과 타인의 이익을 균형 있게 고려하며 장기적이고 지속 가능한 성과를 만들어낸다. 반면 실패한 기버는 지나치게 희생하거나, 타인의 요구에 무조건적으로 반응해 결국 번아웃에 이르거나 악용당하기 쉽다.

성공한 기버의 비결은 지혜다. 이들은 상대방의 진정한 필요를 이해하고 감당할 수 있는 범위 내에서 전략적으로 도움을 준다. 단기적 이익에만 초점을 맞추는 테이커나 상호주의에 갇힌 매처와 달리, 지혜로운 기버는 자신과 타인을 함께 고려해 더 큰 가치를 창출하기 때문에 가장 크게 성공할 가능성을 가진다. 지혜는 성장과 성숙뿐만 아니라 성공에도 유리한 요소다.

지능과 지혜는 서로 관련이 있지만, 서로가 필수 조건은 아니다. 지능이 높다고 해서 반드시 지혜로워지는 것은 아니며,

지능이 낮아도 지혜로울 수 있다. 높은 지능을 가진 사람이 개인적인 이익만을 추구하거나, 사회적 책임을 무시할 수도 있는 것이다. 지능은 문제를 해결하는 데 중점을 두지만, 지혜는 공감, 도덕적 판단, 장기적 시각을 포함하며 더 넓은 가치를 추구한다.

이것이 전문성의 마지막 요소로 지혜가 자리 잡는 이유다. 전문성을 이루는 태도, 지식, 기술, 소통, 사고는 개인의 역량을 키운다. 그러나 지혜는 이 모든 요소를 통합해 더 큰 가치를 만들어낸다. 지혜는 '일을 잘하는 사람'을 넘어 '사람들과 함께 의미 있는 일을 하는 사람'으로 성장하게 한다. 이는 '나의 일은 무엇인가'라는 근본적인 질문에 대한 답을 찾는 데 도움을 준다.

> '무엇을 위해 일하는가? 누구를 위해 일하는가?
> 내 일이 미치는 영향은 무엇인가? 타인의 성장에
> 기여하고 있는가? 결국, 나의 일은 무엇인가?'

유능하고 지능이 높은 사람은 많다. 그러나 결국, 결정적 차이를 만드는 건 지혜다. 사람은 자기 세계관의 크기만큼 커리어를 만든다.

목적이 이끄는 삶

책을 쓰기로 결심한 계기가 있다. 언젠가 기술 제품을 만드는 기업에 다닌 적이 있다. 300여 명의 직원 중 대다수는 개발자였고, 디자이너는 단 일곱 명이었다. 대표와 임원, 주요 리더 모두 개발자 출신이었다. 입사한 지 3개월쯤 지났을 때 그룹장님과 일대일 면담을 할 기회가 있었다. 의례적인 자리였기에 그는 대화 내내 모니터만 바라보며 타자를 쳤다. 대화가 끝나갈 무렵, 그룹장님은 궁금한 게 있으면 물어보라고 했다.

"요즘 무슨 책을 읽으세요? 항상 그룹장님 옆에 책이 여러 권 쌓여 있어서요."

그의 손이 멈췄고, 잠시 의외라는 표정을 지었다.

"그러는 진선 씨는 무슨 책을 읽고 있어?"

"개발자들이 쓴 책을 조금씩 보고 있어요. 일을 대하는 태도나 업무 방식에 대한 내용이 있어서요. 개발자들은 책을 정말 많이 쓰는 것 같아요. 디자인 쪽에는 사실 그렇게 실질적이면서도 세부적으로 업무 내용에 대해 이야기하는 책이 많지 않거든요. 대다수가 번역서인데 그나마도 국내 실정이랑 맞지 않는 게 많아요."

"그러게. 개발 쪽은 글로벌 기업의 세계 최고 전문가들이 자기가 아는 걸 다양한 방식으로 나눠주니까 이렇게 한국에 있는 나 같은 사람도 수혜를 받을 수 있거든."

어느새 그룹장님의 노트북은 덮여 있었다. 어쩐지 대화가 통하는 느낌이 들었다.

"네. 참고할 만한 자료나 책이 많지 않아요. 저처럼 일에 대해 고민하면서 좋은 정보나 조언에 목말라하는 사람이 정말 많을 거예요."

"그럼 진선 씨가 쓰면 되겠네."

"네?"

"그런 생각을 가지고 있으면 직접 쓰면 되지. 잘할 수 있을 것 같은데."

"아, 저, 그, 그러니까…. 네. 그럴 수 있다면 정말 좋을 것 같아요."

퇴사 후 오랜 시간이 흘렀으니 그룹장님은 나를 기억하지 못할 것이다. 하지만 이 짧은 면담에서 나눈 대화는 내 일과 삶에 큰 영향을 미친 결정적 순간이 되었다.

나는 오래전부터 일을 하는 과정 중에 떠오르는 여러 의문들을 수집해왔다. 불합리하고 비효율적인 상황들이 빈번하게 발생했기 때문에 그 반복이 너무 답답하고, 때로는 화가 나기도 했다. 가장 힘든 점은 똑같은 상황이 나뿐만 아니라 뒤에 오는 후배들에게도 계속해서 되풀이된다는 사실이었다.

누군가 경험으로부터 무언가를 배웠다면, 다음 사람은 같은 어려움을 겪지 않도록 노하우를 전수하는 문화를 만들 수는 없을까? 모두가 각개전투하지 않고 함께 성장할 방법은 없을까? 이런 생각들은 상당히 오랜 시간 막연하고 흐릿한 형태로 내 안에 자리하고 있었다. 솔직히 누군가 나서서 해결해줬으면 좋겠다는 심정이었다.

'왜 누군가 나서서 이런 문제를 해결하지 않는 걸까'라는 생각에 머물러 있던 나를 변화시킨 건 그룹장님의 말이었다. '내가 해결해보자'는 마음이 생긴 것이다. 비록 유명한 조직에서 일하거나 대단한 커리어를 가진 것은 아니지만, 무언가를 시작하려는 동시대 사람들에게 시행착오를 피해 갈 수 있도록 경험을 나누고 싶다는 생각이 들었다.

혹시 내가 아는 것을 작게라도 나누는 '공유의 마음'을 전염시킬 수 있을까? 혹시 내가, 저마다 자신이 가진 재료를 꺼내 활용할 수 있도록 도울 수 있을까? 혹시 막연한 앞날을 조금 덜 불안하게 헤쳐 나갈 용기를 줄 수 있을까? 이런 질문들 속에서 이성적이면서도 따뜻한 글을 쓰고 싶다는 결론에 다다랐다.

심리학자 에밀리 에스파하니 스미스Emily Esfahani Smith는 『어떻게 나답게 살 것인가』에서 삶의 의미를 만드는 목적(Purpose)에 대해 설명했다. 목적이란 일을 단순한 생계 수단이 아닌, 타인과 세상에 기여하는 도구로 여기는 것이다. 이 관점은 평범한 직무에도 깊은 의미를 부여한다.

목적은 어려운 상황에서도 동기와 방향을 잃지 않게 돕는다. 거창할 필요는 없다. 자녀에게 좋은 부모가 되거나, 동료들이 즐겁게 일할 수 있도록 돕는 것처럼 소박하지만 확실한 의미에서 출발할 수 있다. 삶의 작은 부분에서 오는 목적은 일상의 에너지가 되어 더 큰 목표로 나아가는 힘의 원천이 된다.

나의 목적은 '향상심을 가진 사람들이 시행착오를 줄일 수 있도록 영감을 주는 사람'이 되는 것이다. 이는 착해서가 아니라, 어릴 적에 하고 싶은 일이나 진로에 대해 이야기할 상대가 없었던 결핍에서 비롯됐다. 스무 살 이후 일과 입시를 병행할 때도, 대학에 진학하고 나서도, 취업 후 실무 현장에서도 늘 답답하고 불안했다.

나아지고 싶지만 어려워하는 사람들을 보면 언제나 과거의 내가 겹쳐 보인다. 그래서 사랑하는 조카가 진로를 고민할 때 열린 마음으로 상담해줄 수 있는 어른이 되고 싶다. 예전에 나는 내가 잘하고 싶어서 일을 했지만, 이제는 사람들이 잘할 수 있도록 돕고 싶어서 일한다. 살아 있는 동안 현장감을 잃지 않고 실질적인 도움을 주는 사람이고 싶다. 내가 영감을 주고 싶은 대상은 과거의 나이고, 조카이고, 친구이고, 디자이너 후배들이며, 또한 세상의 모든 일하는 사람들이다.

자기만의 이름, 목적, 가치 정의하기

목적이 '왜 이 일을 하는가'에 대한 답이라면, 가치는 '이 일을 어떻게 할 것인가'에 대한 기준이다. 가치는 행동의 방향을 잡아주고 일관성을 부여한다. 이 목적과 가치를 실현하는 능력이 지혜다. 그렇다면 어떻게 자기만의 목적과 가치를 정의할 수 있을까?

가장 가까운 출발점은 당신의 '이름'이다. 자신의 이름을 누가, 어떤 이유로 지었는지 떠올리고 글로 적어보자. 이 과정은 이름에 새로운 의미를 부여하고 스스로 재해석하는 기회가 된다. 그렇게 다시 태어난 이름은 단순한 호칭을 넘어 진정한 나의 일부로 자리 잡는다. 자연스럽게 이름값 하며 살고자 하는 마음이 생길 것이다.

이름에 담긴 탄생담 쓰기

① 이름에 담긴 의미를 쓴다.

② 이름과 관련한 에피소드가 있다면 쓴다.

③ 이름에 대한 느낌, 생각, 상상을 쓴다.

- 이(李)는 성이다. 선(善)은 동생과 함께 쓰는 돌림자다. 그래서 오래전부터 언제나 내 이름은 眞, 한 글자라고 생각했다.

- 엄마가 말했다. 미스코리아처럼 유명해지라고 진선(眞善)이라 지었다고. 그 말을 듣고 생각했다. 미스코리아는 왜 1, 2 ,3등을 眞善美라고 부를까? 미인 대회인데 왜 美가 아닌 眞이 1등일까?
- 디자이너가 되고 보니 원래는 眞善美였어야 할 내 이름에서 누락된

美라는 글자를 한참을 돌고 돌아 기어코 찾아왔다는 생각이 든다.

- 眞(참진)이라는 글자 안에 어떤 의미가 담겨 있는지 찾아봤다. 놀랍게도 그 안에는 지금까지 살면서 내내 추구해온 가치들이 모두 담겨 있었다. 평범하다고만 생각했던 내 이름이 좋아졌다. 이름값 하며 살고 싶어졌다.

추구하는 가치 정의하기

④ 네이버 한자사전에서 이름의 사전적 의미를 검색한다. 한자는 한 글자 안에 여러 의미가 담겨 있다. 그중 지금까지의 삶을 돌아보았을 때 일관적으로 지향해 온 가치라고 생각하는 것을 3개를 고른다. 자신의 이름에서 한 글자만 골라서 검색해도 좋고, 두 글자, 세 글자 단위로 검색해도 좋다. 만약 자신의 이름이 한자가 아닌 한글 이름이라면 ⑤번으로 넘어가자.

'眞 참진'의 사전적 정의

참, 진리(眞理), 진실(眞實), 본성, 본질(本質), 참으로, 정말로, 진실하다, 사실이다, 참되다, 명료하다, 또렷하다, 뚜렷하다, 똑똑하다

⑤ 챗GPT를 활용해 이름에 담긴 더 많은 뜻을 찾을 수 있다. 아래 질문에 대입해 챗GPT에게 물어보자. 처음엔 사전적 의미와 비슷한 결과가 나올 것이다.

[질문] '眞'에 담긴 의미들을 설명하고, 각 의미를 영어 단어로 표현해 줘.

[답변] 한자 '眞'(참 진)은 다양한 깊은 의미를 담고 있으며, 철학적, 미학적, 도덕적 맥락에서 자주 사용됩니다. 다음은 그 주요 의미와 각 의미를 영어로 표현한 결과입니다.

01. 진리(Truth) : 보편적이고 변하지 않는 사실
02. 진실(Honesty, Sincerity) : 진정성과 솔직함
03. 참됨(Genuineness, Authenticity) : 본연의 상태, 가식 없는 모습
04. 본질(Essence) : 사물의 핵심적인 속성
05. 참된 아름다움 (True Beauty) : 내면의 순수하고 진실된 아름다움

⑥ 사전적 의미를 넘어 더 넓은 범위에서 글자를 해석하고 싶다면, 챗GPT에게 그 외에 다른 의미가 더 있는지 추가 질문을 한다. 20개 정도 선택지를 만들기 위해 아래 질문을 두세 번 반복한다.

[질문] 그 외에 다른 의미가 더 있어?

⑦ 직접 고른 단어와 별도로 챗GPT에게 선택을 지시한다.

[질문] 지금까지 알려준 '眞'의 여러 의미 중 가장 중요한 의미를 세 개만 고른다면 어떤 의미를 골라야 할까? 그 세 가지를 고른 이유(근거)와 함께 말해줘.

⑧ 모든 결과를 종합해서 최종적으로 자신의 가치로 삼을 단어 세 개를 고른다. 각 단어의 의미를 40자 내외로 간결하게 정의한다.

가치	진리	본질	참자아
영단어	Truth	Essence	True Self
해석	시간이 흘러도 변하지 않는 것을 추구하기. 올바른 판단을 위한 기준 갖기.	대상의 핵심을 파악하기. 표면에 머물지 말고 진정한 모습을 보기.	사회적 역할과 외부 기대에 가려지지 않은, 내적 본질과 일치하는 자아 갖기.

일의 목적 정의하기

⑨ 커리어 타임라인, 커리어 지향성, 전문성 차트, 세 가지 가치를 준비한다.

⑩ 이 모든 것을 아우르는 목적을 쓴다. '누구에게, 어떤 가치를 제공하기 위해, 무엇을 하는가'를 아래의 양식에 맞춰 작성한다.

목적 양식	나는 (대상)에게 (가치)를 제공하기 위해 (행동)을 한다.
저자의 목적 예시	나는 (향상심을 가진 사람들)이 (시행착오를 줄이도록) (영감을 준다.) 짧게 요약한 버전 →영감을 주는 사람

⑪ 아래는 다양한 직업에 대한 목적의 예시다. 살펴본 후 자신의 목적을 다듬어보자. 같은 직업을 가졌더라도 개인의 경험, 지향성, 전문성, 가치에 따라 목적은 달라진다. 목적을 보면 중요한 의사결정을 할 때 어떻게 우선순위를 둘지 예측할 수 있다.

직업	목적 예시
초등학교 교사	· 모든 아이가 자신의 재능을 발견하도록 지원한다. · 소외된 아이들이 교육의 기회를 누릴 수 있도록 돕는다.
소프트웨어 개발자	· 데이터를 통해 더 나은 결정을 지원한다. · 새로운 기술로 기존의 비효율을 개선한다.
간호사	· 환자가 존엄성을 잃지 않도록 돕는다. · 팀원들과 협력하여 최상의 치료 환경을 구축한다.
회계사	· 기업이 투명하게 운영될 수 있도록 기여한다. · 고객이 재정적인 결정을 자신 있게 내리도록 지원한다.
운동 트레이너	· 스스로 건강을 유지하는 방법을 배우도록 돕는다. · 운동을 통해 자신감을 회복하도록 지원한다.
사진작가	· 일상 속 아름다움을 새로운 시각으로 보여준다. · 역사적 사건을 후대에 남기는 다리가 된다.
바리스타	· 고객이 커피 한 잔으로 여유를 느끼게 한다. · 커피로 사람과 사람을 이어주는 공간을 만든다.
상담사	· 자신의 문제를 스스로 해결하도록 돕는다. · 내면을 이해하고 그 여정을 함께한다.
패션 디자이너	· 옷을 통해 개성과 자신감을 표현할 수 있게 한다. · 기능성과 아름다움을 모두 갖춘 옷을 만든다.
건축가	· 도시와 자연이 조화를 이루는 건물을 만든다. · 안전하고 효율적인 공간을 설계한다.

[이름, 목적, 가치 워크시트]

이진선 의 이름·목적·가치

眞

목적

영감을 주는 사람

가치

진리 Truth	본질 Essence	참자아 True Self
시간이 흘러도 변하지 않는 것을 추구하기. 올바른 판단을 위한 기준 갖기.	대상의 핵심을 파악하기. 표면에 머물지 않고 진정한 모습을 보기.	사회적 역할과 외부 기대에 가려지지 않은, 내적 본질과 일치하는 자아 갖기.

탄생담

- 이(李)는 성이다. 선(善)은 동생과 함께 쓰는 돌림자다. 그래서 오래전부터 언제나 내 이름은 眞, 한 글자라고 생각했다.
- 엄마가 말했다. 미스코리아처럼 유명해지라고 진선(眞善)이라 지었다고. 그 말을 듣고 생각했다. 미스코리아는 왜 1,2,3등을 眞善美라고 부를까? 미인 대회인데 왜 美가 아닌 眞이 1등일까?
- 디자이너가 되고나서 생각해보니 원래는 眞善美였어야 할 내 이름에서 누락된 美라는 글자가 한참을 돌고 돌아 기어코 찾아왔다는 생각이 든다.
- 眞(참 진)이라는 글자 안에 어떤 의미가 담겨 있는지 찾아봤다. 놀랍게도 그 안에는 지금까지 살면서 내내 추구해온 가치들이 모두 담겨 있었다. 평범하다고만 생각했던 내 이름이 좋아졌다. 이름값을 하며 살고 싶어졌다.

Part 3.

커리어 브랜딩 2단계

나를 기획하기

01

시작을 방해하는 심리적 장벽들

'꾸준히 많이'가 불편하게 느껴지는 이유

"일단 써라. 꾸준히 써라. 많이 쓰면 잘 쓰게 된다."

글쓰기를 시작하는 사람들이 가장 많이 듣는 조언이다. 이 말이 틀린 건 아니다. 글쓰기는 결국 실천이 중요하니까. 그러나 이 조언은 오히려 시작을 방해하는 심리적 장벽이 될 수 있다. 글을 오래 쓰거나 많이 쓴다고 해서 반드시 구독자가 늘거나 브랜딩이 잘되는 것은 아니다. 단지 재미로 글을 쓴다면 무엇을 어떻게 써도 상관없다. 하지만 커리어 브랜딩이라는 목표가 있다면 '일단 써보자'는 태도는 불리하다.

• 일단 쓰기의 함정 : 방향 없이 시작하면 더 쉽게, 더 자주 실패한다. 모든 실패가 배움으로 이어지지는 않는다. 우리는 직업이 있고, 글쓰기에 투자할 수 있는 시간과 에너지는 한정적이다. 어렵게 마련한 시간을 효과적으로 활용해야 한다. 실패는 열정을 소진시키고, 필요한 곳에 쏟아야 할 에너지를 낭비하게 만든다. 열정과 의지는 배터리와 같아서 쓰는 만큼 줄어든다. 소중히 다뤄야 한다.

• 꾸준히 쓰기의 함정 : '꾸준히'란 구체적으로 언제까지, 얼마나 자주를 의미할까? 밑도 끝도 없는 꾸준함은 시작을 두렵게 만든다. '이때부터 이때까지, 이만큼만'이라는 명확한 제한을 두면 부담이 줄어든다. 기한을 설정하고 프로젝트처럼 시즌제로 실행하기를 권한다.

'양질 전환'은 불변의 진리가 아니다. 글을 쓴 기간이나 글의 양은 구독자 수와 반드시 비례하지 않는다. 몇 년간 꾸준히 글을 쓰거나 수많은 콘텐츠를 담은 글을 축적했어도 구독자가 적은 경우를 종종 볼 수 있다. 반대로, 글을 시작한 지 얼마 되지 않고 글의 수가 많지 않아도 놀랄 만큼 많은 독자를 끌어 모은 작가도 있다. 더 중요한 건 오랜 기간, 많이 쓴다고 해서 실력이 향상되는 것도 아니라는 점이다. 중요한 것은 글의 양이 아니라 목적과 전략이다.

『그냥 하지 말라』를 쓴 빅데이터 전문가 송길영 작가는 시대 변화를 이야기하며 'Just do it'이 아니라, 'Think first. Don't just do it'을 강조했다. 우리가 함께한 자기발견 워크숍이 바로 그 Think first의 과정이었다. 많은 사람이 질보다 양을 우선시하지만, 나는 양보다 질이라고 말하고 싶다.

결국 중요한 것은 효율이 아닌 효과다. 쉽게, 빨리, 많이 쓰는 방법을 고민하기보다 얼마나 효과를 발휘할 수 있는지를 생각해야 한다. 효과를 생각하다 보면 때로 어렵고, 느리고, 적어질 수 있다. 그러나 오히려 제대로 하는 게 가장 빠른 길이 되기도 한다. 필요한 시점에 필요한 만큼의 시간과 에너지를 써야 지속할 수 있다.

퍼스널 브랜딩? 아니, 커리어 브랜딩!

'커리어 브랜딩'이라는 용어는 퍼스널 브랜딩과 구분하기 위해 새로 정의한 개념이다. 커리어 브랜딩은 '유명인 되기'가 아니다. 불특정 다수에게 이름을 알리는 것이 아니라, 내가 속한 조직과 업계에서 가치를 인정받고 존재감을 쌓아가는 과정이다. 인플루언서나 셀럽이 아니라 전문가로 자리 잡는 것이다. 대중을 대상으로 구독자를 모으는 것이 목표라면 다른 전략이 필요하다. 퍼스널 브랜딩이 대중적인 인지도를 추구한다면, 커리어 브랜딩은 소속된 공동체에서 신뢰를 쌓는 데 초점을 맞춘다.

또한 커리어 브랜딩은 '작가 되기'가 아니다. 일명 '작가 병'은 두 가지 유형으로 발현된다. 하나는 글쓰기를 곧바로 책 출간이나 강사 활동으로 연결하려는 경우다. 그러나 이런 대외 활동은 목표가 아니라 부산물이다. 본진을 혼동하면 안 된다. 또 다른 하나는 전업 작가처럼 완벽하게 써야 한다는 압박감이다. 글을 올리자마자 엄격한 잣대를 들이댈 것 같은 부담감에 발행 버튼조차 누르지 못한다. 문학과 실용 글쓰기는 다르다. 실용 글쓰기는 기초 원리만 익히면 충분히 쓸 수 있다. 예쁜 문장보다 중요한 건 내용이다. 일하는 사람으로서 내 안에 담긴 유용한 정보와 진실한 철학 말이다.

커리어 브랜딩은 순서가 중요하다. '커리어 → 브랜딩' 순서를 따른다. 안에서 밖으로 확장해 나가는 단계적 과정이다. 자기 이해에서 시작해 조직으로, 그리고 업계로 나아가야 한다. 실력과 콘텐츠를 통해 사회적 신뢰 자산을 쌓는 것이 핵심이다. 인브랜딩이 먼저고, 아웃브랜딩은 나중이다. 이를 요약하면 다음과 같다.

커리어 브랜딩의 순서

① 나를 안다. → ② 일을 잘한다. → ③ 알린다.

이 단계는 당연해 보이지만, 조급한 사람들은 첫 단계와 두 번째 단계를 생략하고 자신을 포장하는 데 집중한다. 빠른 결과를 원하는 마음은 이해하지만, 일 자체에 집중하며 실력을 키우는 시기는 반드시 필요하다. 초보자에서 숙련자로 올라서는 과정은 어렵고 오래 걸리지만, 실력을 감추고 겉만 그럴듯하게 꾸미기는 쉽다. 하지만 이런 접근은 오히려 부정적인 이미지로 알려지는 역브랜딩 효과를 초래할 수 있다.

나의 커리어는 몇 년짜리인가

세계적인 경영 사상가 찰스 핸디Charles Handy는 1979년경 'Portfolio Life'라는 개념을 제시하며, 2000년이 되면 전일제 직장에 근무하는 노동자가 절반에도 미치지 못할 것이라고 예언

했다. 철학자 쇼펜하우어Schopenhauer는 모든 진리가 세 단계를 거친다고 말했다. 첫째 조롱받고, 둘째 반대에 부딪히며, 셋째 자명한 진리로 받아들여진다는 것이다. 그의 말대로 찰스 핸디의 이 놀라운 예언은 기업가, 정치가, 학자를 포함한 모두에게 거부당했다. 그러나 40여 년이 지난 지금 '포트폴리오 인생'은 시대의 패러다임이 되었다.

찰스 핸디Charles Handy는 86세가 되던 해에 『삶이 던지는 질문은 언제나 같다』를 출간했다. 이 책은 손주들에게 보내는 21통의 편지로 이루어져 있다. 한 세기를 살아오며 얻은 깊은 통찰을 담고 있는데, 수명은 길어졌지만 은퇴가 사라진 시대에, 우리가 어떤 마음으로 일을 대해야 하는지에 관한 지혜를 들려준다.

찰스 핸디는 사람과 조직의 성장 과정을 'S자 곡선(S-Curve)'이라는 개념으로 설명한다. S자 곡선은 시작, 성장, 성숙, 쇠퇴의 단계를 거친다. 커리어에도 생애주기가 있다는 뜻이다.

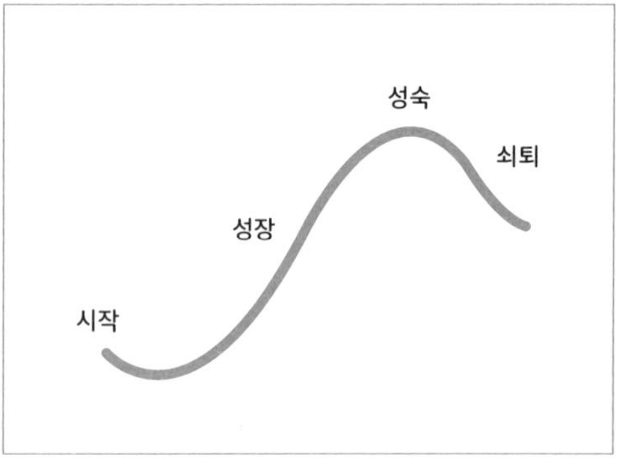

하나의 커리어만으로 평생을 살기는 어렵다. 그렇기 때문에 지속 가능한 커리어를 위해 성숙기에 이르면 다음 커리어를 준비해야 한다. 쇠퇴가 시작되기 전에 다음 S자 곡선을 시작해야 한다는 의미다. 새로운 커리어를 시작할 땐 언제나 어려움이 따라오기 때문에 일시적으로 하향 곡선을 그리게 된다. 이때 첫 번째 커리어가 성숙기에 있지 않다면 전환기를 버텨내기가 쉽지 않다.

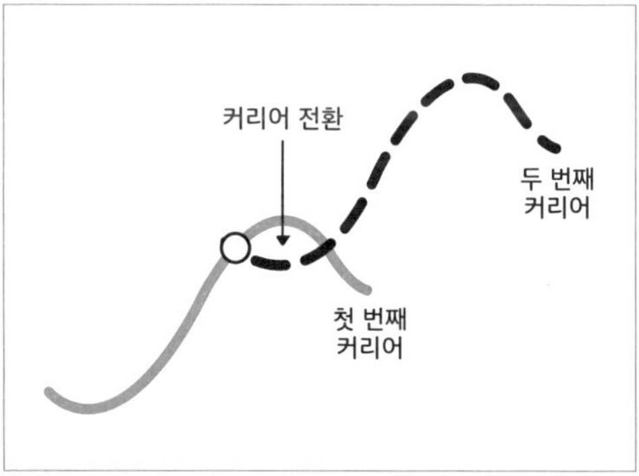

사람마다 두 커리어 곡선이 교차하는 시기는 다르다. 누군가는 첫 번째 커리어의 초기부터 두 번째 커리어를 조금씩 만들어가고, 누군가는 쇠퇴기에 접어들어서야 위기감을 느끼며 다급히 준비를 시작한다. '두 번째 커리어'는 사람마다 다르게 해석할 수 있다. 지금 하는 일과 완전히 다른 일을 선택할 수도 있겠지만, 다니고 있는 조직 안에서 새로운 지위로 올라가 이전과는 다른 방식으로 일하는 것이 다음 커리어를 의미할 수도 있다. 어떤 경우든 두 번째 커리어는 첫 번째 커리어를 기반으로 삼는 것이 유리하다. 이전 경험을 완전히 버리고 바닥부터 시작하기보다는, 이미 가진 자원을 최대한 활용해 다음 단계를 모색해야 한다.

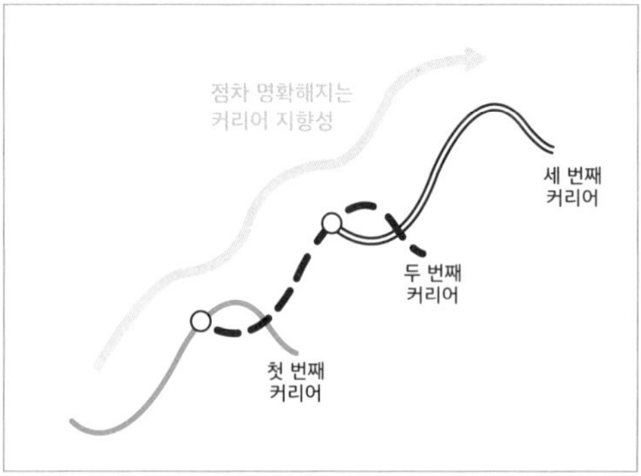

하지만 많은 이들이 커리어 전환 과정에서 무엇을 어떻게 해야 할지 막막함을 느낀다. 하나의 S자 곡선만으로 충분했던 시대에서, 적어도 세 개의 S자 곡선을 이어가야 하는 시대로 넘어왔기 때문이다. 수명이 길어지면서 평생 동안 여러 직업을 거치며 커리어를 이어가야 하지만, 이러한 과도기에는 참고할 만한 선례를 찾기가 쉽지 않다.

그래서 이 책은 지속 가능한 커리어를 만들어가기 위한 도구로서의 글쓰기를 다룬다. 커리어를 확장하고, 연장하며, 다각화하기 위한 브랜딩에 대한 이야기이기도 하다.

삶은 길다. 커리어와 커리어를 이어가는 일은 이제 누구나 경험하는 자연스러운 과정이다. 그 여정 속에서 우리는 자신이 어떤 지향성을 추구하는지 점차 깨닫게 될 것이다.

02

커리어 브랜딩의 핵심 2가지

온라인 글쓰기를 시작하던 시기에 전문성 휠을 업그레이드했다. 커리어를 확장하고 싶다는 목표는 실무를 수행하는 것과 성격이 다르기 때문이다. 기존에 만든 전문성의 여섯 기둥에 브랜딩을 위한 세 가지 항목을 더해 아홉 기둥을 완성했다.

앞서 언급했듯이, 사람이 성장할수록 사고 범위는 확장된다. 개인에서 조직으로, 조직에서 업계로 그릇을 키워 나간다. 전문가는 콘텐츠를 생산하고 영향력을 발휘한다는 의미에서 'Storyteller'로 명명했다.

Ver 1. 주니어 Player : 태도, 지식, 기술 → 개인

Ver 2. 시니어 Leader : 소통, 사고, 지혜 → 조직

Ver 3. 전문가 Storyteller : 콘텐츠, 채널, 네트워크 → 업계

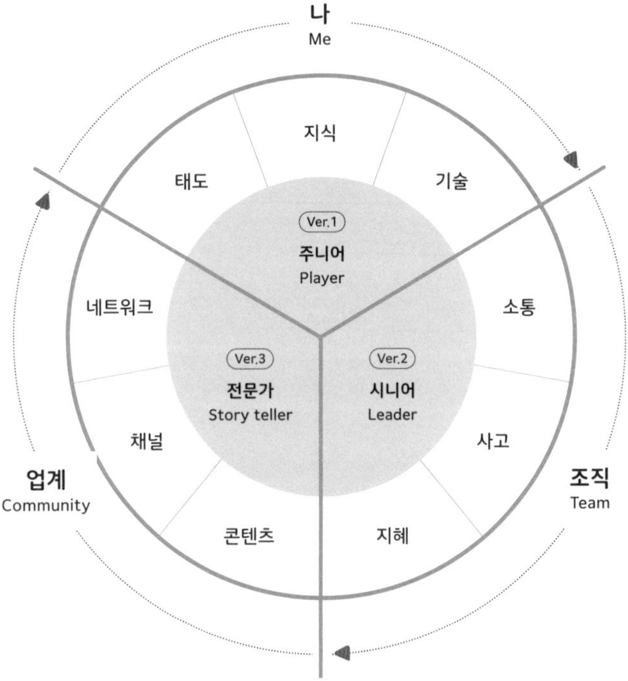

[전문성의 아홉 기둥]

그렇다고 해서 커리어 브랜딩이 전문성의 모든 요소를 완벽히 갖춘 뒤에야 시작할 수 있다는 의미는 아니다. 커리어 초기에도 충분히 시작할 수 있다. 다만, 콘텐츠가 일보다 앞설 수는 없다는 점을 강조하고 싶다. 새롭게 추가한 세 가지 역량 중 네트워크는 업계 사람들과 연결되어 관계를 형성하고 영향을 주고받는 것을 뜻한다. 이 책에서는 네트워크를 제외하고 콘텐츠와 채널, 이 두 가지를 중점적으로 다룬다.

브랜딩의 핵심, 주제와 연속성

글의 성격, 조회 수, 구독자 수 사이의 관계를 생각해본 적 있는가? 우연한 기회로 조회 수가 급증해도 구독자 수가 늘지 않는 경우가 있다. 왜일까? 가장 근본적인 원인은 채널의 주제가 명확하지 않기 때문이다. 연관성 없이 나열한 글은 단순 흥밋거리로 소비될 뿐 구독으로 이어지지 않는다. 반면, 특정 주제를 중심으로 일관된 흐름을 보인다면 강렬한 인상을 남길 수 있다. 이는 콘텐츠를 쌓아가는 온라인 채널이라면 어디나 해당하는 기본 원리다. 독자가 구독 버튼을 누르는 과정이다.

1. 흥미로운 제목 클릭
2. 글이 마음에 들면 '좋아요' 클릭
3. 채널 프로필과 다른 글을 훑어보며 채널 주제 파악
4. 채널 주제에 흥미가 있으면 구독 클릭

'좋아요'를 눌렀지만 구독하지 않는다면, 채널의 잠재 독자를 놓치고 있는 것이다. 개별 글이 아무리 흥미로워도 구독할 동기를 얻지는 못한다. 그러나 글의 수가 적어도 내용이 유기적으로 연결되어 있으면 하나로 결속되어 힘을 발휘한다.

독자는 흥미를 느낀 주제 안에서 일관되게 콘텐츠가 쌓이는 모습을 보고 매력을 느낀다. 앉은 자리에서 모든 글을 정주

행하거나, 필요할 때 꺼내볼 '안심 주머니'로 여긴다. 이 때문에 언제든 다시 찾을 수 있도록 즐겨찾기를 하는 것이 바로 '구독'이다.

"내가 왜 이 채널을 몰랐지? 왜 이제 발견했을까!"

독자에게 이런 반응을 얻는 것이 채널 운영의 성공이라 할 수 있다. 사람들은 외롭다. 학교에 다니던 시절처럼 누군가에게 물어보고 싶지만, 직장에서 사수 없이 혼자 고군분투하는 사람들이 많다. 이런 사람들에게 공감할 수 있는 에피소드와 유용한 정보를 담고 있는 채널은 큰 위로와 도움이 된다.

온라인 글쓰기를 시작한 초기에 구독자 수가 늘지 않아 고민하는 사람들을 자주 본다. 하지만 커리어 브랜딩에서는 구독자 수보다 더 중요한 요소들이 많다. 초반부터 구독자 수에 연연할 필요는 없다. 그보다 중요한 건 채널에 흥미를 느끼고 구독 버튼을 누르는 독자의 심리를 이해하는 것이다. 이것만으로도 충분하다.

축적과 연속성, 이것이 커리어 브랜딩의 핵심이다.

연속성이 있는 콘텐츠는 쉬운 말로 '시리즈'라고 부른다.

나만의 시리즈를 만드는 건 곧 내가 어떤 주제를 가진

사람인가를 정의하는 과정과도 같다.

03

혼란 속에서 방향을 잡는 기술, 리서치

혼란에서 명확함으로 나아가기

처음 무언가를 시작할 때는 막막함과 불안이 따르기 마련이다. 숙련된 디자이너는 이를 '자연스러운 과정'으로 받아들인다. 반면, 초보자는 불확실성에 압도되어 무엇을 해야 할지 망설이다가 결국 시작조차 못하는 경우가 많다.

나는 수십 개의 디자인 프로젝트에 참여하며, 불확실성이 높은 상황에 갑작스럽게 투입된 경험이 많다. 프로젝트 도중 디자인 PL(Project Leader)이 갑자기 그만둔 자리에 대체되기도 하고, 클라이언트가 디자인 퀄리티에 불만을 제기해 PL 교체를 원해서 투입되기도 했다. 수많은 이해관계자들 속에서 극도의 혼란과 압박감을 마주할 때 가장 먼저 한 일은 언제나 '신속한 학습(리서치)'이었다. 아무것도 모르는 상태에서 전반적인 상황을 잘 아는 상태로 나 자신을 전환시키기 위해서다.

디자인 전략가 데미안 뉴먼Damien Newman의 '디자인 곡선(The Design Squiggle)'은 이러한 디자인 프로세스의 복잡성과 불확실성을 한눈에 이해할 수 있도록 효과적으로 시각화했다.

[디자인 곡선(The Design Squiggle)]

디자인은 아이디어를 떠올리자마자 곧바로 결과물을 만들어내는 직선적인 작업이 아니다. 디자인 곡선에서 왼쪽의 복잡하게 얽힌 선들은 초기 단계의 불확실성을 상징한다. 수많은 가능성과 아이디어를 탐색하고 탐구하는 리서치 단계다. 이후 선이 점차 정리되고 하나의 선으로 명확해지는 모습은 아이디어를 구체화하는 콘셉트 단계를 의미한다. 그다음 직선으로 뻗어 나가는 선은 구체적인 실행으로 이어지는 디자인 단계를 나타낸다. 이 과정은 글쓰기에 그대로 적용할 수 있다. 이러한 '리서치 → 콘셉트 → 디자인'의 프로세스를 앞으로 커리어 브랜딩 글쓰기에 대입해 설명할 것이다.

- 리서치 = 내부·외부 학습하기
- 콘셉트 = 주제 정하기
- 디자인 = 연속성 있는 글쓰기

리서치는 혼란 속에서 방향을 잡는 기술이다. 글쓰기든 디자인이든 처음에는 누구나 모호함 속에서 출발한다. 하지만 필요한 자료를 모으고, 집중해야 할 것을 설정하는 과정에서 점차 명확한 방향을 잡아간다. 중요한 건 '아무것도 모르는 상태'를 불편하게 여기지 않는 태도다. 아는 것이 없다는 건 리서치를 통해 지금보다 나아질 가능성이 열려 있다는 의미니까.

커리어 브랜딩 글쓰기를 위한 리서치에는 두 가지 차원이 있다. 하나는 내부 리서치, 즉 자기 자신에 대한 탐구다. 다른 하나는 외부 리서치로, 필요한 자료와 영감을 외부에서 찾는 과정이다. 닮고 싶은 글과 사람을 관찰하며 배우는 것이다. 우리는 이미 자기발견 워크숍을 통해 내면 리서치의 과정을 거쳤다. 이제 외부 리서치를 시작할 때다.

리서치 목표 설정하기

아웃풋의 품질은 인풋에 달려 있다. 그러니 쓰기 전에 먼저 많이 봐야 한다. 그런데 '많이 봐야 한다'라는 흔한 조언이 의미하는 바는 곰곰이 따져볼 필요가 있다. 리서치란 양보다 어떻게 하느냐가 더 중요하기 때문이다. '많이'라는 건 얼마나 많이를 의미하는가? 본다는 건 무엇을 보고, 어떻게 본다는 것인가? 물론 복잡하게 생각하지 않고 여기저기 살펴보면서 점차 범위를 좁혀갈 수도 있다. 하지만 이는 시간이 너무 오래 걸리고, 자칫 샛길로 빠질 위험이 있다. 필요 이상으로 자료를 모으거나, 불필요한 자료를 수집하게 될 가능성도 있다.

온라인에는 언제든 주의를 빼앗을 거리가 넘쳐난다. 목표 없이 리서치를 시작하면 다시 꺼내보지 않을 즐겨찾기만 잔뜩 추가하다가 끝나버릴 게 분명하다. 꼭 필요한 만큼의 리서치를 위해서는 한정된 시간과 집중력을 어디에 쓸 것인지 선택해야 한다. 시작하기 전에 목표와 제약을 설정하자.

- 목표 : 왜 하는가? 리서치를 통해 얻고 싶은 것은 무엇인가?
- 제약 : 리서치를 언제 멈출 것인가?

커리어 브랜딩 글쓰기를 위한 리서치의 목표는 말 그대로

'커리어, 브랜딩, 글쓰기'라는 세 가지 측면이 있다. 각 측면을 어떻게 리서치할지 구체적으로 살펴보자.

커리어 리서치 : 캐릭터

커리어 리서치의 목표는 자신이 원하는 커리어를 가진 롤모델을 찾는 것이다. 이들의 경험, 전문 분야, 성향을 살펴보고, 현재 그들이 어떤 브랜딩과 글쓰기를 통해 커리어를 확장하고 있는지 탐구한다. 이를 통해 자신의 미래를 구체적으로 그려볼 수 있다. 운이 좋다면 롤모델과 연결되어 관계를 형성하게 될지도 모른다. 롤모델은 이미 염두에 둔 상과 일치할 수도, 예상치 못한 흥미로운 인물일 수도 있다. 이 과정은 잘 알고 싶다는 동기를 부여하며, 더 깊은 탐구로 자연스럽게 이어진다.

브랜딩 리서치 : 주제 & 채널

브랜딩 리서치에서는 롤모델이 어떻게 브랜딩을 전개하는지 살펴본다. 주제와 채널이 핵심이다. 그들이 다루는 주제는 무엇이며, 독자는 누구인가? 주제가 얼마나 대중적인지, 어떤 채널을 주력으로 활용하는지, 채널과 주제의 결합이 어떤 효과를 내고 있는지 탐구한다. 채널 간 연동 방식도 중요한 관찰 대상이다. 이를 통해 자신의 브랜딩 방향과 운영 방식을 구체화할 수 있다.

글쓰기 리서치 : 글 쓰는 기법

브랜딩의 도구로서 글쓰기를 활용하는 방법을 배운다. 글쓰기는 고도의 지적 활동이다. '어떤 말로 시작하지? 어떻게 마무리하지? 문장은 얼마나 길게 써야 할까? 어떤 문체로 쓰지?'와 같은 다양한 질문이 따른다. 이러한 고민에 답하기 위해서는 다양한 글쓰기 사례를 살펴봐야 한다. 개별 글을 분석하며 글쓰기 스타일과 기법을 익혀야 한다.

리서치는 목표만큼 종료 시점도 중요하다. 시작 전 의도적으로 조건을 제한해야 한다. 방법은 두 가지다. 시간 제한은 정해진 시간 안에 끝내는 방식, 범위 제한은 목표 달성까지 필요한 만큼 시간을 투자하는 방식이다. 예를 들어, '이번에는 닮고 싶은 롤모델을 찾는다'라는 목표를 설정했다면, 이를 달성할 때까지 계속 탐색한다. 예상보다 오래 걸릴 수 있다는 사실을 허용한다. 시간과 범위를 동시에 제한하면 더 효과적이다.

세상의 모든 정보를 얻기 위해 끝없이 확장할 수는 없다.

임시 경계선을 긋고 집중해야 한다.

핵심은 모든 정보를 모으는 데 있지 않고,

현재 필요한 만큼만 알고 이를 활용해

결과를 만들어내는 데 있다.

리서치는 '양'보다 '방법'이 더 중요하다.

04

나에게 맞는 온라인 채널 파악하기

온라인 채널은 콘텐츠의 성격과 목적에 따라 '유통형'과 '축적형'으로 나눌 수 있다. 유통형 채널은 실시간성과 휘발성이 강하고, 축적형 채널은 오래전에 쓴 글도 쉽게 찾아볼 수 있도록 설계한다는 특성이 있다. 포트폴리오의 본래 의미는 성과, 작품, 능력을 체계적으로 정리한 '자료집'이다. 그래서 축적형 채널을 주력 채널로 삼는 것이 적절하다.

커리어 브랜딩을 위해서는 두 유형의 채널을 함께 활용하는 것이 효과적이다. 주력 채널에서는 차근차근 긴 호흡의 글을 축적하고, 보조 채널에서는 일상적으로 짧은 글을 통해 확산한다. 예를 들어, 블로그에 심층적인 글을 작성한 후 '링크드인Linked In'에 요약본이나 링크를 공유하는 식이다.

짧은 글은 빠르게 확산되며, 독자와 소통하는 데 적합하다. 긴 글은 깊이 있는 내용을 담아 신뢰를 쌓는 데 적합하다. 그러나 글쓰기를 이제 처음 시작하거나, 온라인에 의견을 공유하는 게 낯설다면 시작부터 긴 글을 쓰는 게 부담일 수 있다. 그동안 쓰지 않고 보기만 했다면, 힘을 빼고 짧은 글을 SNS에 올리며 온라인에 글을 쓰는 행위 자체에 익숙해지기를 먼저 시도해보자.

글의 성격과 채널의 특성을 이해하고 적절히 결합하면 지속적이면서 효과적인 커리어 브랜딩이 가능하다. 결국 '이 주제에 대해 잘 아는 사람'이라는 인식을 심어주는 것이 핵심이다.

유통형 채널 : 넓게 퍼뜨리기

유통형 채널은 정보를 빠르게 확산시키고 일상적으로 독자와 소통하는 데 적합한 플랫폼이다. 주로 타임라인의 형식을 가지고 있어서 게시한 콘텐츠를 시간 순으로 노출한다. 짧고 간결하며, 핵심 메시지를 강조하는 글이 적절하다. 즉각적인 반응과 공유를 통해 넓은 독자층에게 도달하는 것을 목표로 한다.

유통형 채널의 장점은 타깃 독자를 직접 찾아 관계를 형성할 수 있다는 것이다. 프로필에 강점과 전문성을 명확히 드러내고 타깃 독자가 관심을 가질 만한 글을 게시하면, 자신의 글에 잘 맞는 타깃 독자를 팔로우했을 때 상대방이 내 채널을 맞

팔로우할 확률이 높다. 시간이 지나면서 업계 사람들과 느슨한 네트워크가 만들어져 글쓴이의 존재감과 메시지가 조금씩 자리 잡게 된다.

반면 유통형 채널은 휘발성이 강하다는 단점이 있다. 타임라인 형식은 시간 순으로 글이 나열되며, 독자가 팔로우한 모든 채널의 글이 한꺼번에 보이기 때문에 방금 쓴 글도 빠르게 화면 밖으로 밀려난다. 시간이 지난 게시물은 다시 보기 어렵고, 주제별로 정리해 제공하기도 힘들다. 포털 검색 결과에도 잘 노출되지 않기 때문에 우연히 발견될 가능성도 낮다. 따라서 채널에 지속적으로 글을 게시하고, 팔로워들과 꾸준히 소통할 필요가 있다. 글을 축적하고 체계적으로 관리하는 축적형 채널과 함께 사용하는 것이 좋다.

유통형 채널들은 이러한 공통점을 갖고 있지만 저마다 개별적인 특성이 있기 때문에 목표와 콘텐츠 성격에 맞는 채널을 선택해야 한다. 다음은 대표적인 유통형 채널들의 특징이다.

✓ 링크드인

링크드인의 가장 두드러지는 특징은 비즈니스 네트워킹에 최적화된 플랫폼이라는 점이다. 다른 SNS와 달리 커리어를 중심으로 관계를 형성한다. 프로필 페이지에 소속, 직무, 근무 이력, 프로젝트 경험, 수상·논문·출간 이력 등 전문성을 드러낼 수 있는 항목들을 상세히 작성할 수 있다.

링크드인에서는 직무 경험, 프로젝트 성공 사례, 업계 동향을 담은 글이 좋은 반응을 얻는다. 비즈니스적이고 전문적인 톤이 잘 맞고, 개인적이거나 감성적인 콘텐츠는 다른 플랫폼에 비해 주목받기 어려운 편이다. 이직, 채용, 협업을 원하는 사용자들이 많이 활용한다. 전문가 집단이나 업계 리더들이 활발히 활동하기 때문에 비즈니스 인사이트를 나누는 데 유리하다.

인스타그램

인스타그램만 가진 두 가지 특징이 있다. 하나는 이미지 중심 플랫폼이라는 점이다. 글, 사진, 카드 뉴스, 인포그래픽, 짧은 영상(릴스) 등 다양한 형태의 콘텐츠를 조합해 활용할 수 있다. 다른 채널이 텍스트에 집중하는 반면, 인스타그램은 시각 요소를 적극적으로 결합해 효과적으로 전달하는 데 유리하다.

인스타그램을 운영한다고 해서 반드시 고급 디자인 능력이 필요한 것은 아니다. 정보성 콘텐츠를 강조하는 계정 중에는 단순하고 깔끔한 탬플릿 하나를 활용해 내용만 주기적으로 바꿔 발행하는 경우도 많다. 심지어 그림이나 사진 없이 텍스트만 담은 이미지로도 팔로워를 모으는 사례가 적지 않다. 중요한 것은 시각적 완성도보다도 전달하고자 하는 메시지의 명확성과 일관성이다.

또 하나의 특징은 유통형과 축적형의 성격을 모두 가지고 있다는 점이다. 홈 화면은 타임라인 방식으로 실시간 노출이 가능하고, 프로필 화면은 그리드형으로 차곡차곡 콘텐츠를 축적하는 구조다. 특정 게시물을 상단에 고정해 자신을 대표하는 콘텐츠로 강조하거나, 하이라이트 기능을 활용해 콘텐츠를 주제별로 분류할 수 있다. 이런 특성 덕분에 별도의 축적형 채널 없이도 포트폴리오 역할을 충분히 할 수 있다.

인스타그램만의 단점도 있다. 게시글 내 링크가 활성화되지 않아 팔로워를 다른 사이트나 플랫폼으로 유도하기 어렵다는 점이다. 링크를 추가하려면 프로필에 링크트리를 연결하거나, 스토리 기능에서 링크를 연결해야 하는 번거로움이 있다. 이러한 폐쇄성 때문에 외부 유입을 목표로 하는 경우 제약이 있을 수 있다.

✓ 페이스북

페이스북은 폭넓은 연령대와 다양한 배경의 사용자가 모여 있어 소통의 범위가 넓은 플랫폼이다. 링크드인이 전문성과 비즈니스 중심이라면, 페이스북은 상대적으로 캐주얼하고 개인적인 소통에 더 적합하다. 글자 수에 제한이 없기 때문에 짧은 소식부터 긴 칼럼까지 자유롭게 게시할 수 있으며 텍스트, 이미지, 동영상, 링크 등 다양한 형식의 콘텐츠를 유연하게 활용할 수 있다. 플랫폼 사용자 수가 많아 공유 기능을 통해 게시물이 빠르게 확산되며, 반응이 좋은 콘텐츠는 알고리즘에 의해 더 많은 사람에게 노출된다. 하지만 젊은 세대의 이용률이 점차 감소하고 있다는 점은 고려할 필요가 있다.

페이스북의 강점은 가벼운 소식부터 심도 있는 글까지 폭넓은 콘텐츠를 소화할 수 있다는 점과 비즈니스와 개인 브랜딩의 경계를 자연스럽게 넘나들 수 있다는 점이다. 다양한 사용자층과 교류하고 싶은 사람에게 여전히 매력적인 플랫폼이다.

축적형 채널 : 전문성 쌓기

축적형 채널은 긴 호흡의 글이나 프로젝트 기록을 체계적으로 저장하고 관리하는 데 적합하다. 실시간 소통보다는 지식과 경험을 자산화하는 것을 목표로 하며, 글쓴이의 전문성을 체계적으로 쌓아 포트폴리오 형태로 보여준다. 각 글은 독립적으로 읽히지만, 전체적으로는 특정 주제나 분야에 대한 깊은 이해를 전달해 신뢰를 쌓는 데 효과적이다. 이를 통해 전문가로서의 이미지를 자연스럽게 드러낼 수 있다.

처음부터 명확한 주제를 정하기는 어렵다. 차곡차곡 글을 쌓다가 나중에 체계적으로 정리해 하나의 흐름을 만들어도 된다. 축적형 채널에 발행한 글은 시간이 지나도 포털 검색을 통해 꾸준히 노출될 수 있고, 포털 메인에 소개될 가능성도 있어 장기적으로 지속적인 독자 유입이 가능하다. 다음은 대표적인 축적형 채널들의 특징이다.

✓ 브런치스토리

브런치스토리는 글쓰기 능력을 입증할 수 있는 대표적인 플랫폼이다. 심사를 통과해야 글을 쓸 수 있는 권한을 주기 때문에 자연스럽게 '글을 잘 쓰는 사람'이라는 이미지를 형성할 수 있다. 출판사나 텍스트 기반의 콘텐츠를 생산하는 미디어 관계자들은 브런치스토리에서 활동하는 작가를 눈여겨보는 경우가 많다. 그래서 칼럼 기고 의뢰나 출간 제안으로 이어지는 기회가 생기기도 한다.

브런치스토리만의 특징 중 하나는 '매거진'과 '브런치북' 기능을 제공한다는 점이다. 매거진은 폴더와 유사한 개념이다. 특정 주제의 매거진을 만들어 그 안에 글을 담을 수 있다. 글이 하나만 있어도 생성할 수 있으며, 유동적으로 글을 추가하거나 뺄 수 있다. 매거진에 담은 글은 최근에 발행한 순서로 나열된다. 반면, 브런치북은 전자책에 가까운 개념이다. 실제로 책을 만들듯이 제목, 목차, 표지를 설정할 수 있다. 글을 선별해서 발행 순서와 상관없이 작가가 지정한 의미와 흐름에 따라 목차를 구성할 수 있다. 단, 브런치북은 열 개 이상의 글이 있어야 생성할 수 있으며, 한 번 발간하면 수정이 불가능한 완결된 형태로 고정된다. 브런치북으로 발행한 콘텐츠는 그 자체로 훌륭한 포트폴리오라고 말할 수 있다.

또 다른 특징은 작가를 양성하기 위한 다양한 기회를 제공한다는 점이다. 브런치스토리는 선별한 콘텐츠를 다음 포털, 카카오플친, 페이스북, 인스타그램에 노출하기 때문에 예상치 못한 독자 유입이 발생할 수 있다. 매년 개최되는 '브런치북 출간 프로젝트'라는 공모전은 출간을 목표로 하는 사람들에게 실질적인 발판이 된다. 이 공모전에 당선되면 유명 출판사를 통해 책을 출간할 수 있을 뿐만 아니라, 상금, 마케팅 지원, 교보문고 전시 등 다양한 혜택도 받을 수 있다. 브런치스토리를 통해 출간된 책 중에는 베스트셀러가 된 사례도 많아, 평범한 사람도 작가로 데뷔할 수 있는 현실적인 기회를 제공하는 플랫폼으로 자리매김했다.

✓ 네이버 블로그

네이버 블로그는 누구나 부담 없이 쉽게 시작할 수 있다는 강점이 있다. 국내 최대 규모의 검색 엔진인 네이버와 연동되어 있어 꾸준히 글을 작성하면 검색 노출을 통해 더 많은 독자에게 도달할 가능성이 높다. 일상적인 기록부터 전문적인 글까지 다양한 콘텐츠를 축적하기에 적합하며, 작성된 글이 시간이 지나도 검색을 통해 꾸준히 읽히는 장점이 있다. 또한 '이웃·서로이웃' 기능을 통해 사용자 간 관계를 형성하고, 서로의 글에 반응하며 소통하는 특유의 커뮤니티 문화가 잘 형성되어 있다.

✓ 노션 · 개인 사이트

노션이나 개인 사이트는 특정 플랫폼의 틀에 얽매이지 않고 자유롭게 콘텐츠를 관리하고 싶은 사람들에게 적합한 채널이다. 노션은 원래 업무 관리와 학습 기록 도구로 시작됐지만, 이제는 체계적으로 콘텐츠를 정리하고 포트폴리오를 구축하는 용도로도 널리 사용된다. 노션으로 작성한 콘텐츠를 전체 공개로 퍼블리싱하면 구글 검색 결과에 노출시킬 수 있다. 간편하게 무료 사이트를 만들 수 있는 서비스로 '아임웹(imweb.me)'이 있다.

✓ 뉴스레터

뉴스레터는 구독자에게 정기적으로 콘텐츠를 발송하는 채널이다. 공개 플랫폼에 글을 쌓는 대신 독자의 메일함에 직접 콘텐츠를 전달하기 때문에 콘텐츠를 열어볼 확률이 높고, 개인적으로 소통하는 느낌을 전달할 수 있다. 초기 구독자를 모으는 과정이 쉽지 않을 수 있지만, 특정 주제에 대한 깊은 탐구를 바탕으로 하기 때문에 충성도 높은 독자층을 구축할 수 있다. 뉴스레터 제작, 발송, 운영을 지원하는 대표적인 플랫폼으로 '스티비(stibee.com)'와 '메일리(maily.so)'가 있다.

05

탐색과 집중을 위한 롤모델 찾기

탐색할 때 가장 중요한 것은 '닮고 싶다!'는 마음이 드는 것이다. 이 마음은 두 가지로 나뉜다. 첫째는 '나도 저런 커리어를 만들고 싶어!'라고 느끼게 하는 롤모델이다. 이들은 글을 쓰지는 않지만 내가 꿈꾸는 커리어를 이미 구축한 사람들이다. 둘째는 '나도 저렇게 쓰고 싶어!'라는 감탄을 불러일으키는 레퍼런스 글이다. 나와 분야가 달라도 내가 좋아하는 주제, 구성, 문체로 글을 쓰는 작가들이다.

롤모델은 하나의 조건만 충족하거나, 커리어와 글 모두를 갖춘 인물을 찾을 수 있다. 두 가지를 모두 갖춘 롤모델은 채널 운영, 포트폴리오 구성, 성장 전략 등에서 더 풍부한 영감을 준다. 그러나 모든 조건을 만족하는 롤모델은 찾기 어려울 수도 있다. 업계 전문가라고 해서 반드시 자기 콘텐츠를 생산하는 건 아니기 때문이다.

롤모델이 꼭 한 사람일 필요가 없다. 완벽한 사람은 없기 때문에 각기 다른 강점을 지닌 두세 명 이상의 롤모델을 둘 수 있다. 평소 다양한 콘텐츠를 보면서 괜찮은 글이 보이면 '누가 썼는지' 확인하는 습관을 들이자.

디자인 사고(Design Thinking)의 핵심 개념인 '발산과 수렴'을 리서치 과정에 효과적으로 적용할 수 있다. 발산은 아이디어와 자료를 넓게 탐색하는 단계이며, 수렴은 중요한 것을 선별해 좁혀가는 단계다. 발산과 수렴은 한 번으로 끝내지 않고 필요에 따라 반복한다. 수렴 과정에서 정보가 부족하면 다시 발산 단계로 돌아가 추가로 탐색한다. 최종 목표에 가까워질 때까지 반복한다.

탐색의 기술

그렇다면 구체적으로 어디서, 어떻게 탐색해야 할까? 롤모델과 레퍼런스를 탐색할 채널과 방법을 소개한다.

✓ 자주 방문하는 채널

자신이 시간을 많이 보내는 채널에서 롤모델을 찾는 것이 효과적이다. 커리어 브랜딩은 단발적인 활동이 아니라 지속적인 노력이 중요하기 때문에, 롤모델이 오랜 시간에 걸쳐 자신을 만들어가는 과정을 관찰하며 배울 필요가 있다. 한 번도 사용해본 적이 없는 새로운 채널보다는 이미 익숙한 채널을 롤모델로 삼는 것이 적응 시간을 줄이고 효과적으로 시작하기에 유리하다.

브런치스토리

브런치스토리는 전문 작가가 아닌데도 자기만의 주제를 가지고 완성도 높은 콘텐츠를 생산하는 사례가 많다. 작가와 글을 탐색하는 것도 좋지만, 특히 '브런치북'으로 발간한 콘텐츠를 참고하면 글을 바탕으로 만든 완성도 있는 포트폴리오란 무엇인지 배울 수 있다.

- 메인 페이지 탐색하기 : 브런치스토리 메인 페이지에서 선별한 콘텐츠와 최신 행사 소식을 접할 수 있다. PC 버전으로 접속하면 메인 페이지에 '브런치 키워드'라는 섹션이 있다. 브런치 작가들이 자주 다루는 카테고리다. 키워드를 클릭하면 관련 글과 작가들을 탐색할 수 있다.
- 키워드 검색하기 : 브런치스토리 검색 기능은 '글, 작품, 작가'로 검색 결과를 분류해 제공한다. 작가 검색에서는 직업별 필터가 있어서 특정 분야의 전문성을 갖춘 작가들을 탐색할 수 있다. 자신과 비슷한 직업을 가진 롤모델을 찾는 데 유용하다.

• 『브런치북 출판 프로젝트』 대상작 투어하기 : 브런치스토리는 해마다 공모전을 개최한다. 수상작은 대중성과 완성도를 갖춘 콘텐츠로, 글 구성과 주제 선정, 서술 방식에서 많은 힌트를 얻을 수 있다. 낱개의 글이 아닌 하나의 주제로 구성된 글 묶음을 분석하면 통일성과 일관성을 갖춘 콘텐츠의 특징을 이해할 수 있다. '잘 쓴다는 것'이 무엇인지에 대한 감을 잡는 데 큰 도움이 된다.

• 브런치스토리 카카오톡 채널 구독 : 브런치스토리는 작가를 양성하기 위한 다양한 행사와 콘텐츠를 지원한다. 카카오톡 채널을 구독하면 이러한 행사 소식과 선별된 글을 정기적으로 받아볼 수 있다.

[브런치북 출판 프로젝트 링크]

[카카오톡 채널 구독 링크]

서점

온라인 서점과 오프라인 서점은 각각 다른 특성을 가지고 있어 탐색 방식도 다르다. 온라인 서점에서는 관심 키워드로 검색해 책의 제목, 주제, 목차, 미리보기 등을 확인할 수 있다. 특히 출판사가 작성한 책 소개와 상세 페이지는 콘텐츠 기획의 관점에서 참고할 만한 자료로, 책의 핵심 메시지와 타깃 독자에 대한 힌트를 제공한다.

오프라인 서점은 독자들의 현재 관심사를 보여주는 매대와 카테고리별 섹션이 큰 장점이다. 특정 분야의 책이 모여 있는 섹션을 둘러보면 업계 트렌드를 한눈에 파악할 수 있다. 매대에 진열된 책들을 훑어보며 목차, 서문, 결론을 읽으면 주요하게 다뤄지는 주제와 흐름을 짧은 시간에 이해할 수 있다.

✓ 콘텐츠 구독 서비스

콘텐츠 구독 서비스는 유료 모델인 만큼 전문성과 깊이 있는 콘텐츠를 제공한다. 현업 실무자와 전문가를 인터뷰하거나 직접 저자로 섭외하기 때문에 레퍼런스와 롤모델을 탐색하는 데 유용하다. 일하는 사람을 주요 독자로 삼는 서비스 세 가지를 소개한다.

• 퍼블리(publy.co) : 실용적인 직무 콘텐츠를 제공하는 서비스다. 다양한 분야의 실무자를 저자로 섭외해 직무 경험과 동기부여에 관한 글을 발행한다. 현장에 바로 적용할 수 있는 구체적인 사례, 팁, 탬플릿을 통해 실질적인 도움을 준다.

• 폴인(folin.co) : 변화하는 산업과 일의 방식에 초점을 맞춘 콘텐츠를 제공한다. 현업 전문가들의 인사이트를 바탕으로, 새로운 기술과 산업 트렌드, 일의 목적과 방식의 변화 등을 다룬다. 현재와 미래를 아우르는 통찰력 있는 콘텐츠를 통해 직무와 커리어에 대한 새로운 시각을 제시한다.

• 롱블랙(longblack.co) : 비즈니스 감각을 키우는 데 중점을 둔 트렌디한 콘텐츠를 제공한다. 브랜드, 마케팅, 비즈니스 모델 분석 등 다양한 주제를 다루며, 최신 산업 동향과 혁신적인 사례를 기반으로 한 깊이 있는 글을 발행한다.

뉴스레터

분야마다 양질의 콘텐츠를 큐레이션 해주는 뉴스레터가 있다. 전부 읽지는 않더라도 제목만이라도 꾸준히 보자. 내 분야의 종사자들이 관심 있어 하는 주제에 대한 감을 잡을 수 있다. 뉴스레터 플랫폼 스티비(gallery.stibee.com)에 접속하거나, 포털에서 '디자인 뉴스레터 추천'과 같이 자신의 분야 키워드를 붙여 뉴스레터를 검색하면 어렵지 않게 찾을 수 있다.

커리어 브랜딩은 단발적인 활동이 아니라

지속적인 노력이 중요하기 때문에,

롤모델이 오랜 시간에 걸쳐 자신을 만들어가는 과정을

관찰하며 배울 필요가 있다.

06

닮고 싶은 콘텐츠 심층 분석하기

탐색 단계를 통해 자료를 모았다면, 이제는 심층적으로 분석하는 딥 다이브(Deep Dive) 단계로 나아가야 한다. 딥 다이브는 원래 수중 다이빙(Deep Sea Diving)에서 유래된 표현으로, 깊은 바다로 잠수하여 그곳의 생태계나 자원을 탐구하는 활동을 가리킨다. 이 개념이 비유적으로 확장되어, 특정 주제나 문제에 대해 깊이 탐구하는 과정을 나타내는 용어로 자리 잡았다.

단순히 '좋다'라는 감정에서 멈추지 말고, 왜 좋은지 구체적으로 분석해보아야 한다. 롤모델, 채널, 주제, 글 쓰는 기법 이렇게 네 가지 측면에서 리서치한 대상을 분석하기 위해 질문을 설계했다. 답을 하면서 자신의 커리어 브랜딩 글쓰기 전략을 구체화해보자.

롤모델 분석하기

닮고 싶은 커리어를 가진 롤모델을 분석하면 자신의 커리어 목표를 구체화하고, 성장 경로를 설계하는 데 활용할 수 있다. 롤모델의 글뿐만 아니라 인터뷰, 온라인 서점에 있는 작가 소개글, 개인 SNS 등 다양한 측면으로 탐색하며 딥 다이브 해보자.

- 롤모델을 좋아하는 이유는 무엇인가? 왜 롤모델로 선택했는가?
- 롤모델의 어떤 점을 닮고 싶은가?
- 롤모델은 프로필에서 자신을 뭐라고 소개하는가?(예 : 채널 프로필, 책 저자 소개)
- 롤모델의 전문 분야와 강점은 무엇인가?
- 롤모델은 어떤 커리어를 쌓아왔는가?
- 롤모델의 커리어에서 가장 중요한 전환점은 무엇이었는가?
- 롤모델의 커리어에서 가장 인상적인 프로젝트는 무엇인가?
- 롤모델이 글을 쓰게 된 계기는 무엇인가?

채널 분석하기

롤모델 채널의 주요 사용자층, 인기 콘텐츠 유형, 게시물의 도달 범위와 반응을 본다. 첫 게시물부터 최근 게시물까지 살펴보면 처음부터 완벽하지 않았다는 것을 알 수 있다. 좋아요

수와 댓글이 많은 글을 분석하며 독자들의 반응 이유를 파악하면 채널 운영 감각을 키울 수 있다.

- 롤모델은 어떤 채널을 운영하는가? 주력 채널은 무엇이고, 보조 채널은 무엇인가?
- 롤모델이 둘 이상의 채널을 운영하고 있다면, 채널 간 연계를 통해 어떤 시너지를 만들어내고 있는가?
- 구독자는 몇 명인가? 해당 분야에서 그 구독자 수는 많은 편인가, 적은 편인가?
- 구독자는 어떤 사람들인가? 자신이 타깃으로 삼고자 하는 독자와 롤모델의 독자 사이에 연관성이 있는가?
- 구독자에게 제공하는 가치는 무엇인가? 사람들이 이 채널을 구독하는 이유는 무엇인가?
- 어느 정도의 주기로 글을 쓰는가? 규칙적인가?
- 독자와 어떤 방식으로 상호작용하는가?

주제 분석하기

쓰고 싶은 내용과 독자가 궁금할 만한 주제의 교집합을 찾아보자. 같은 분야의 작가들이 다루는 주제를 살펴보고, 아직 다뤄지지 않았거나 새롭게 주목받는 주제가 무엇인지 시장 상황을 파악하는 것이 중요하다. 업계 동향에 맞춘 글을 쓰기 위해서다. 어쩌면 의외의 비어 있는 영역을 발견할 수도 있다. 이때 업계의 이해관계자들을 하나로 보지 말고 세분화하면 타깃 독자를 명확히 설정하는 데 도움이 된다.

- 롤모델은 어떤 주제를 다루는가?
- 누구를 위한 주제인가?
- 주제가 글쓴이의 전문성이나 커리어와 어떤 연관성을 가지고 있는가?
- 주제는 요즘 트렌드와 어떻게 연결되어 있는가?
- 주제는 시간의 흐름에 따라 어떻게 변화했는가?
- 대중적인 주제인가, 아니면 특정 대상을 위한 주제인가?
- 만약 주제가 대중적이지 않다면, 이를 대중적으로 풀어내기 위해 어떻게 하면 좋을까?
- 주제를 가장 잘 나타내는 롤모델의 대표 글은 무엇인가?
- 어떤 책을 썼는가?
- 좋아요, 댓글, 공유 수가 많은 글은 무엇인가? 독자들이 그런 반응을 보이는 이유는 무엇인가?

글쓰기 기법 분석하기

글의 구성과 스타일을 익히기 위해 다양한 글쓰기 기법을 분석해보자. 글을 많이 봐야 자신이 어떤 문체, 어떤 어휘, 어떤 구성을 지향하는지 알 수 있다. 독자의 흥미를 끌기 위해 작가들이 어떤 전략을 쓰는지 관찰해야 한다.

- 글 한 편의 분량, 글자 수는 어느 정도인가?
- 문체, 어휘, 표현은 독자에게 어떤 인상을 주는가? '이다'체를 사용하는가, 아니면 '입니다'체를 사용하는가? 전문적인 용어를 많이 활용하는가, 아니면 일상의 언어로 풀어서 설명하는가?
- 글에 고유함이 있는가? 어떤 점에서 그렇게 느껴지는가?
- 글을 어떤 문장으로 시작하고, 어떤 문장으로 마무리하는가?
- 지식, 경험, 사유 중 주로 어떤 재료를 활용하는가?
- 주제의 깊이를 더하기 위해 어떤 자료를 활용하는가?
- 글에서 사용하는 시각적 요소(이미지, 디자인)는 어떤 특징이 있는가?

07

주제 찾기의 다른 말,
독자 찾기

전문성과 대중성 사이에서

브랜딩 글쓰기는 곧 온라인 글쓰기다. 공개 글쓰기와 일기장의 가장 큰 차이는 독자의 존재 여부다. 주제를 정한다는 것은 곧 독자를 정하는 일이다. 누구에게 어떤 가치를 전달할 것인지 명확히 드러나는 콘텐츠는 취업, 이직, 관계 형성, 인지도 향상, 출판, 기고, 강연 등 다양한 기회로 자연스럽게 연결된다.

주제는 사람들이 필요로 하는 것과 내가 말할 수 있는 것이 교차하는 지점에 있다. 한 사람 안에는 다양한 모습이 있지만, 그중 무엇에 집중하여 사람들에게 드러낼 것인지 결정해야 한다. 브랜딩 글쓰기는 단순한 취미가 아니라 커리어를 위한 콘텐츠 자산을 축적하는 작업이다. 자신이 제공할 수 있는 가치를 명확히 파악하고, 그 가치를 필요로 하는 독자를 찾아야 한다.

그렇다면 주제를 어떻게 정해야 할까? 다음 다섯 가지 질문이 길잡이가 될 수 있다.

1. 일과 직업을 통해 이루고 싶은 것은 무엇인가?
2. 커리어 브랜딩을 통해 얻고 싶은 것은 무엇인가?
3. 누구에게 나를 드러낼 것인가?
4. 그들에게 내가 줄 수 있는 가치는 무엇인가?
5. 그들에게 어떤 모습으로 보이고 싶은가?

글을 쓰다 보면 자연스럽게 전문성과 대중성의 경계 어딘가에 서게 된다. 이 경계에서 주제에 접근하는 방식은 두 가지로 나눌 수 있다.

첫째는 예술가적 관점이다. 자신이 좋아하는 것과 하고 싶은 이야기를 중심으로 글을 쓰고, 이를 좋아하는 사람들을 자연스럽게 모으는 방식이다. 예술가적 접근은 순수하고 창의적이지만, 대중성과는 다소 거리가 있을 수 있다. 성공 사례를 살펴보면 "좋아하는 일을 하다 보니 이렇게 됐어요"라는 답변을 자주 접할 수 있다. 이러한 성공은 시대적 트렌드, 타이밍 같은 외부 요인과 우연히 맞물린 결과인 경우가 많다.

둘째는 디자이너적 관점이다. 사람들이 필요로 하는 것 중에서 자신이 말할 수 있는 주제를 찾아내는 방식이다. 예술가적 접근이 내면의 열망과 창의성에서 출발한다면, 디자이너적 접근은 외부의 필요를 관찰하고 그 틈새를 채우는 데 초점을 맞춘다. 이를 통해 독자와의 연결고리를 강화하며, 전문성과 대중성의 균형을 이룬다.

모든 사람이 타고난 재능으로 매력적인 콘텐츠를 만들어낼 수 있다면 좋겠지만, 그렇지 않은 경우라면 디자이너적 관점을 택하는 것이 유리하다. 자신이 하고 싶은 이야기뿐 아니라, 독자가 관심을 가지고 필요로 할 만한 주제를 고민해야 한다.

내가 처음 글을 쓰기 시작했을 때 〈사수 없는 디자이너가 성장하는 법〉이라는 주제를 정했다. 제목에서 보이듯 주니어 디자이너를 대상으로 한 주제였다. 그러나 글을 쓰면서 점점 의문이 생겼다.

'혹시 지나치게 좁은 범위로만 글을 쓰고 있는 건 아닐까?'

출판사 편집자와의 대화가 계기였다. 주제와 필력에 대한 긍정적인 평가를 받았지만, "디자인 카테고리는 출판시장에서 차지하는 비중이 너무 작아요. 더구나 특정 직업을 대상으로 한 주제라면 잘 써도 많이 팔기 어렵습니다"라는 피드백을 받았다. 유명한 스타 디자이너가 아닌 이상 대중적으로 성공하기 어렵다는 현실적인 조언이었다.

여러 출판사로부터 비슷한 피드백을 반복해서 들으며, 주제를 재구성해야 한다는 필요를 느꼈다. 디자이너도 직장인이며, 누구나 사회 초년생 시기를 거친다. 그런 생각에 기초해서 독자의 범위를 확대하기로 했다. '디자이너만 읽는 글'이 아니라 '디자이너도 읽는 글'로 전환한 것이다. 그 결과, '디자이너'라는 단어를 지우고 '사수 없이 일하며 성장하는 법'이라고 주제를 재정의할 수 있었다.

일상에서 '대중적인 감각'을 단련할 수 있다. 콘텐츠를 소비하거나 외부 리서치를 분석할 때, '내가 좋다고 느낀 이유를 다른 사람들도 좋다고 느낄까, 특정 사람들만 공감할 내용일까? 일반 직장인에게도 적용될 수 있을까, 아니면 이 산업군 전체에서 공통적으로 느끼는 고민일까'라는 질문을 던져보는 것이다.

같은 주제라도 사람에 따라 다르게 다룰 수 있다. 특정 분야의 사람들을 위해 깊게 다룰 것인지, 아니면 비전문가를 위해 넓고 쉽게 풀어낼 것인지 선택할 수 있다.

초보자의 브랜딩, 경력자의 브랜딩

초보자와 경력자는 각기 다른 방식으로 브랜딩에 접근해야 한다. 모두에게 동일하게 적용되는 것은 아니지만 간결하게 요약하자면 초보자는 '잘 알고 싶은 것'에, 경력자는 '잘 아는 것'에 초점을 맞춰야 한다. 초보자와 경력자는 서로 다른 강점과 메시지를 가지고 브랜딩 글쓰기를 시작하지만, 공통적으로 중요한 것은 독자를 정확히 정의하고, 그들의 필요를 채울 수 있는 가치를 제공하는 것이다. 초보자는 성장 가능성을, 경력자는 깊이 있는 전문성을 강조하며 자기 정체성과 연결된 이야기를 만들어야 한다. 이제는 내부와 외부 리서치를 통해 얻은 인사이트를 적극적으로 활용할 때다. 내부 리서치를 통해 자기 역사 연표, 배경담, 커리어 타임라인, 커리어 지향성, 전문성 차트, 그리고 일에 대한 철학을 정리했다면, 외부 리서치를 통해서는 롤모델, 채널, 주제, 글쓰기 기법 등을 분석했다. 내부 리서치를 통해 나에게 있는 것과 없는 것을 파악할 수 있고, 외부 리서치를 통해서는 커리어 브랜딩의 트렌드와 현재 업계의 흐름을 이해할 수 있다.

초보자는 자신이 잘 모르는 것을 공부하고 배우는 과정을 기록함으로써 브랜딩의 기초를 다질 수 있다. 많은 초보자들이 자신은 경력도 없고 아는 것도 없어서 쓸 것이 없다고 생각하지만, 이른바 '공부폴리오'나 '경험폴리오'라고 부르는 자기 성장 기록을 브랜딩의 중요한 재료로 활용할 수 있다. 비록 깊이 있는 지식은 없을지라도, 성장 가능성과 배우려는 의지를 보여주는 것만으로 충분하다. 더불어 일을 하며 겪은 어려움을 솔직히 공유하면 공감을 이끌어낼 뿐 아니라, 초보자로서의 진정성을 전달할 수 있다.

초보자가 타깃으로 삼을 수 있는 독자는 자신과 비슷한 상황에 있는 동료 주니어들이나, 주니어의 입장을 이해하고자 하는 상사, 그리고 인재를 발굴하고자 하는 인사 담당자들이다. 같은 수준의 동료를 대상으로 할 경우 업무 적응 과정, 직장 문화 이해, 그리고 성장 경험을 공유하는 글이 적합하다. 한편, 상사나 인사 담당자를 대상으로는 배우려는 태도와 학습 의지를 강조하며 잠재력을 보여주는 글을 작성할 수 있다. 초보자가 쓸 수 있는 글은 이런 것들이 있다.

1. 신입사원이 흔히 하는 실수들
2. 새로운 팀에 적응하는 5가지 노하우
3. 센스 있게 물어보는 7가지 신입의 기술
4. 자신감을 키우는 작은 실천들
5. 생애 첫 프로젝트를 경험하며 배운 것들
6. 협업에서 중요한 5가지 태도
7. 야근 없이 더 많은 일을 하는 법
8. 첫 직장에서 300일의 기록, 주니어의 업무 노트 작성법
9. 요즘 신입이 알아야 할 디지털 도구 모음
10. 피드백을 잘 받는 신입의 태도
11. 지금의 나를 만든 3명의 리더들
12. 문제 해결을 이끈 리더의 조언들

한편, 경력자는 쌓아온 경험과 전문성을 바탕으로 실질적인

가치를 제공해야 한다. 타깃 독자는 업계 후배, 동료, 관련 업계 종사자, 혹은 잠재적인 고객이나 파트너가 될 수 있다. 업계 후배를 대상으로 글을 쓸 때는 현장에서 얻은 경험을 공유하며, 후배들이 나아갈 방향을 제시하거나 실질적인 조언을 제공할 수 있다. 한편, 고객이나 외부 협력자를 대상으로는 최신 트렌드와 전략을 소개하며, 경력자의 전문성을 강조하고 협업에 대한 동기를 이끌어낼 수 있다. '내 경험이 당신에게 도움이 될 수 있다'는 신뢰를 전달하는 것이다. 경력자가 쓸 수 있는 글은 이런 것들이 있다.

1. 10년 차 디자이너의 성공적인 포트폴리오 구성법
2. 업계에서 인정받기 위해 피해야 할 5가지
3. 첫 3년, 성공적으로 커리어를 구축하는 법
4. 멘토 없이 성장하는 현실적인 전략들
5. 경력별 이직할 때 반드시 고려해야 할 7가지
6. 전문성 강화를 위한 지속적인 학습 전략
7. 후배들에게 추천하는 필독서 3권
8. 팀 내 다양한 의견을 효과적으로 조율하는 법
9. 팀원의 잠재력을 100% 끌어내는 리더십의 특징
10. 클라이언트 요구사항을 정확히 파악하는 법
11. 외주 업체와 효율적으로 협업하는 법
12. 성공적으로 마무리한 프로젝트 사례 공유

브랜딩 글쓰기는 나와 잘 맞는 사람들, 즉 내 메시지에 공감하고 함께 성장할 수 있는 사람들을 찾기 위한 과정이다. 이를 위해 나의 경험, 내가 공부한 것, 그리고 내가 중요하게 여기는 가치를 중심으로 글을 써야 한다. 궁극적으로는 누군가에게 실질적인 도움을 줄 수 있는 콘텐츠를 만드는 것이 목표다. 이를 위해 조직에서 내가 맡았던 역할, 해결했던 문제, 실행 과정에서 배운 점들을 활용한다.

그럼에도 불구하고 여전히 떠오르는 것이 없다면 어떻게 해야 할까? 그럴 때는 좀 더 가볍게 접근해보자.

1. 평소에 사람들이 내게 자주 물어보는 것은 무엇인가?
2. 아무것도 모르는 신입 사원이 들어온다면 무엇을 먼저 알려주고 싶은가?
3. 예전에 밤새도록 몰입했던 콘텐츠는 어떤 특징을 가지고 있는가?
4. 대단한 건 아니지만 알고 있으면 일하는 데 도움이 되는 나만의 꿀팁은 무엇인가?
5. 내게는 쉽고 당연한데, 다른 사람들은 의외로 어려워하는 것은 무엇인가?

거창하게 슈퍼히어로가 될 필요는 없다. 작은 문제라도 누군가에게 도움을 줄 수 있다면, 그 주제는 충분히 가치 있는 콘텐츠가 된다. 사람들은 늘 검색을 통해 정보를 찾는다. 일상에서 부딪히는 어려움을 해결할 수 있는 글을 작성한다면, 당신의 글은 누군가의 검색 결과에 나타나 유용한 답을 제공할 수 있다.

08

주제 있는 사람이 되는 '시리즈형 글쓰기'

모든 소재를 아우르는 하나의 주제 만들기

시리즈는 단순한 글의 나열이 아니라, 각 글이 연결되어 하나의 의미를 완성하는 묶음이다. 각각의 글은 독립적으로 읽히면서도, 전체적으로 조화를 이룬다. 연속성 있는 글을 써야 비로소 '콘텐츠를 가진 사람'이라 말할 수 있다.

글 목록이 화면을 채울 정도만 되어도 글이 많다는 인상을 줄 수 있다. 독자는 모든 글을 읽지 않더라도 제목만 훑어보는 것으로 글쓴이의 관심사와 전문성을 파악할 수 있다. 시리즈는 '이 사람은 특정 주제에 대해 깊이 아는 사람이야'라는 신뢰를 심어주는 효과적인 방법이다.

'좋은 글', '도움이 되는 글', '공감 가는 글'을 쓰겠다는 다짐은 막연하다. 주제를 명확히 정의하기 위해 다음의 문장을 활용해 보자.

> '나는 ○○한 사람에게 ○○한 유용함을 주는 ○○에 대한 글을 쓴다.'

예를 들어, '누구에게나 공감이 되는 글을 쓴다'는 잘못된 답안이다. 대신 '취업을 준비하는 사회 초년생에게 직무 면접 준비 과정을 설명하는 글을 쓴다'라고 작성한다면 구체적으로 잘 만든 것이다.

여러 시리즈를 만들면서 이를 모두 아우르는 하나의 통합적인 주제를 설정하는 것이 중요하다. 만약 처음부터 이를 설정하기 어렵다면, 지금 쓸 수 있는 글부터 차근차근 축적한 뒤 이미 작성한 글을 기반으로 통합 주제를 정리하는 것도 좋은 방법이다. 글의 연속성을 유지하며 하나의 큰 그림을 만들어가자.

시리즈 기획하기

가장 만만한 시리즈 기획은 특정 주제로 콘텐츠를 선별해 '큐레이션' 하는 것이다. 이때 기한 없이 계속 연재하는 것이 아니라 횟수를 정하고 연재한다. 할 수 있는 만큼 3회, 5회, 10회

연재에 도전해보자. 책, 인터뷰, 영화, 전시, 강의 등 콘텐츠를 찾아보고 미리 리스트를 만들어 시작하면 안정적으로 연재할 수 있다. 다음은 '디자인'이라는 주제로 기획한 예시다. 자기 직무를 대입해보자.

- 10년 차 디자이너가 추천하는 비전공자를 위한 디자인 입문서 5권
- 인간을 위한 디자인을 말하는 테드 영상 5개
- 디자이너 출신 사업가 5명 인터뷰
- 디자인을 소재로 한 영화 5편

특정 인물을 중심으로 리스트를 만들 수도 있다. 업계에서 롤모델로 알려진 사람이라면 책을 쓰거나 방송에 출연하거나 인터뷰한 칼럼이 있을 것이다. 여러 가지 포맷의 콘텐츠를 섞어서 리스트를 만들어보자. 자연스럽게 자기 분야를 학습하면서 동시에 같은 업계 사람들에게 도움이 되는 글을 쓸 수 있다.

나의 롤모델 디자이너 ○○○의 모든 것

- 디자이너 ○○○의 책 □□□을 보고
- 디자이너 ○○○의 강의 □□□을 보고
- 디자이너 ○○○의 인터뷰 영상 3편을 보고
- 디자이너 ○○○의 작품 □□□을 보고

SNS로 가볍게 큐레이션 하고 싶다면 '세 줄 요약 시리즈'를 해보면 어떨까? 어떤 콘텐츠든 무조건 세 줄로 요약하는 것이다. 기술적으로 내용을 완벽하게 요약한다기보다는 콘텐츠를 보고 자기 관점에서 기억에 남는 포인트를 적는다.

큐레이션은 이왕이면 블로그에 분량이 어느 정도 있는 글로 연재하기를 권하고 싶다. 처음부터 자기 생각을 쓰는 건 어렵기 때문에, 내용을 요약하거나 중요한 핵심 문장을 여러 개 수집해 정리하는 형식으로 글을 쓰자. 책은 읽는 데 시간이 많이 걸리기 때문에 한 권을 여러 번으로 나눠서 연재할 수도 있다.

글의 하단에 연재 글에 대한 안내를 쓰자. '시리즈명, 개별 글 제목, 링크'를 넣으면 독자들이 해당 글만 보고 이탈하는 것이 아니라 여러 개의 글을 읽도록 유도할 수 있다.

예) '10년 차 디자이너가 추천하는 비전공자를 위한 디자인 입문서'를 주제로 5편의 글을 연재합니다.

1. 비전공자를 위한 시각 디자인의 기초 〈마법의 디자인〉 --- (현재글)
2. 단순하지 않은 단순함의 진짜 의미 〈단순함의 법칙〉
3. 깔끔한 문서 작성을 위한 팁 〈좋은 문서디자인 기본 원리 29〉
4. 디자이너와 소통하는 법 〈심플하지만 화려하게 해주세요〉
5. 디자이너가 생각하는 법 〈센스의 재발견〉

하나의 주제로 축적하는 글의 수만큼 해당 주제를 잘 아는 사람이라는 것을 증명할 수 있다. 더불어 '1 콘텐츠 1 요약' 훈련을 꾸준히 하다 보면 나중에는 여러 가지 콘텐츠를 융합해 하나의 글을 쓸 수 있는 역량이 생긴다.

시리즈형 글쓰기의 유형들

커리어 브랜딩의 관점에서 유용하게 활용할 수 있는 시리즈형 콘텐츠의 대표적인 유형은 다음과 같다. 초보자부터 경력자까지 자신의 관심, 강점, 경험에 맞게 실용적으로 활용할 수 있다.

✓ 트렌드 분석

국내외 업계 트렌드를 선별하고 소개한다. 해외 자료를 번역하거나 요약하고, 개인적인 해석과 분석을 더하면 깊이 있는 콘텐츠가 된다. 최신 정보를 꾸준히 탐구하고 공유하는 사람이라는 이미지를 구축할 수 있다.

- IT 업계에서 주목할 최신 기술 5가지
- AI가 마케팅 전략에 미치는 영향
- 글로벌 UX·UI 디자인 트렌드 분석
- 데이터 중심 시대, 마케팅 전략 변화
- ○○○ 분야 스타트업 투자 동향과 성장 사례

✓ 프로젝트 기록

자신이 진행한 프로젝트의 기획, 실행, 결과를 단계별로 정리한다. 진행 과정에서 직면한 문제와 해결 방법을 솔직하게 기록하면 실질적인 인사이트를 전달할 수 있다. 비슷한 상황에 놓인 업계 후배나 동료에게 도움이 되며, 저자의 경험과 문제 해결 역량을 드러낼 수 있다.

- 스타트업에서 MVP 제품을 론칭하기까지
- 대규모 웹사이트 리뉴얼 프로젝트 회고
- 3개월 차 팀 리더의 협업 도전기
- AI 도구를 활용한 첫 디자인 프로젝트 회고
- 브랜드 가이드라인 구축 단계별 이야기

✓ 개인 경험 공유

자신의 경험과 감정을 진솔하게 담아 공감대를 형성한다. 성공뿐만 아니라 실패와 도전 과정에서의 배움과 변화된 생각을 나누며, 비슷한 고민을 가진 독자에게 위로와 동기를 제공한다. 자신의 성장 과정을 단계별로 정리하거나 분기별·연간 성장 보고서를 작성하면 보다 체계적인 스토리텔링이 가능하다.

- 번아웃을 극복하며 찾은 일과 삶의 균형

- 퇴사 후 1년, 자기발견에서 배운 것들
- 디자이너 커리어 로드맵 5단계
- 프리랜서 개발자의 커리어 확장 로드맵
- 1년 동안 1개월 1권 읽기 프로젝트 후 달라진 것들

문제 해결 가이드

특정 문제에 대한 실질적인 해결책을 제시한다. 따라 하기 쉬운 단계별 가이드, 체크리스트, 탬플릿, 도구·리소스 추천 등으로 지금 바로 적용할 수 있는 정보를 전달한다. 문제 해결 능력과 실무 역량을 보여줄 수 있다.

- 비즈니스 영어 이메일 작성 꿀팁
- 파이썬으로 데이터를 시각화하는 3단계 가이드
- 초보자를 위한 5단계 기획서 작성법
- 효율적인 팀 관리를 위한 5가지 팁
- 업무 인수인계를 위한 필수 체크리스트
- 스타트업 실무자를 위한 마케팅 도구 모음

리뷰

책, 영화, 인터뷰, 전시, 세미나 등 무언가를 보고 쓴다. 전문성과 관점을 드러내면서 유용한 정보를 제공할 수 있다. 리뷰는 단순히 인용이나 요약에 그치지 않는다. 독자가 리뷰 콘텐

츠에 흥미를 느끼고, 보고 싶게 만들어야 한다. "덕분에 좋은 책을 알게 됐어요. 감사합니다.", "지금 당장 보러 갑니다!" 이런 댓글이 달리게 만드는 것을 목표로 삼아보자. 리뷰는 독자와 콘텐츠를 연결하는 다리 역할을 한다. 객관적인 정보와 주관적인 해석을 결합해 콘텐츠와 작가에 대한 정보, 주제, 의미 등을 전달하며, 그 콘텐츠를 볼지 판단하는 데 도움을 준다. 이런 관점에서 리뷰를 쓰는 건 독자 중심의 사고를 키우는 효과적인 연습이기도 하다.

- 비즈니스 리더를 위한 추천 도서 3권
- ○○○을 만든 디자이너, ○○○의 리얼 다큐를 보고
- UX·UI 디자이너를 위한 필수 강의 리뷰
- ○○○ 세미나 참석 후 알게 된 최신 업계 트렌드
- 영화 〈인터스텔라〉에서 배운 리더십

인터뷰·Q&A

업계 전문가나 동료와의 인터뷰를 통해 현장의 지식과 인사이트를 제공한다. 업계 실무자들의 다양한 관점을 전달하는 동시에 저자의 네트워크를 보여줄 수 있다. 질문을 던지고 해답을 이끌어내는 과정에서 깊이 있는 분석력이 드러난다. 독자들이 궁금해할 만한 질문을 선별해 답변하는 Q&A 형식도 활용도가 높다.

- 스타트업 대표와 나눈 창업 도전 이야기
- 비전공자 개발자의 커리어 전환 스토리
- ○○○ 캠페인 마케터와의 대화
- 주니어 디자이너가 가장 많이 묻는 질문 TOP 5
- 1:1 멘토링에서 나온 커리어 고민과 솔루션

서비스 분석 · 케이스 스터디

특정 서비스나 제품을 분석하고 활용 방안이나 개선점을 제안한다. 문제를 탐구하고 해결책을 제시하는 역량을 보여준다. 분석한 글이 해당 기업 관계자의 눈에 띄어 협업이나 제안의 기회로 이어질 수도 있다.

- 디자인 툴 ○○○ vs ○○○ 비교 분석
- 최신 이메일 마케팅 툴 ○○○ 분석
- 중소기업을 위한 ERP 시스템 ○○○ 도입 가이드
- ○○○ 리브랜딩 프로젝트의 핵심 전략
- 스타트업 ○○○ IPO 성공을 통해 배운 것

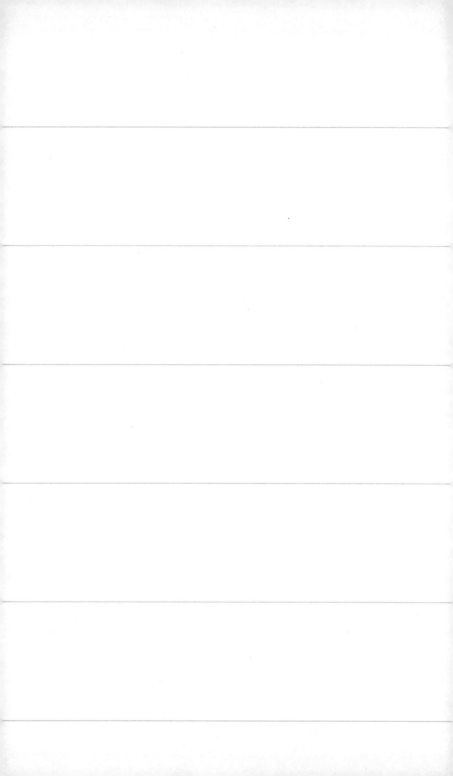

Part 4.

커리어 브랜딩 3단계

나를 알리는 글쓰기

01

짧은 글로 시작하기

글쓰기가 어렵게 느껴지는 것은 당연하다. 글을 쓰려면 주제와 소재를 선정하고, 분량과 구성을 고민하며, 독자에게 전달할 가치와 글의 시작과 마무리를 생각해야 한다. 더 나아가 글을 통해 무엇을 얻을지까지 고려해야 하므로 쉽게 시작하지 못하거나 꾸준히 이어가지 못한다.

그렇다면 이런 복잡한 과정을 생략하고 바로 글을 쓰는 방법은 없을까? 있다. 바로 '보고 쓰기'다. 눈으로 본 글이나 영상, 들은 말을 그대로 따라 써보는 것이다. 초보자에게 가장 중요한 건 글을 쓰는 행위에 익숙해지는 일이다. 글쓰기는 머리와 몸이 함께하는 작업이다. 짧게라도 자주 쓰며 '쓰는 사람'으로 체질을 바꿔 나가자.

짧은 글이든 긴 글이든 글의 재료는 '경험, 지식, 사유' 세 가지다. 이미 언급했지만 중요하기에 다시 강조한다.

- 경험 : 해본 것
- 지식 : 아는 것, 공부한 것
- 사유 : 경험과 지식을 통해 깨달은 것, 체화한 것

경험은 공감을, 지식은 유용함을, 사유는 통찰을 준다. 한 편의 글에 세 가지가 모두 담겨 있으면 정말 좋은 글이다. 그렇지만 이 중 두 가지만 조합해도 충분히 차별성 있는 글을 쓸 수 있다. 글을 쓸 때 독자에게 어떤 가치를 전할 것인지에 따라 적절한 재료를 선택해서 글에 녹이면 된다. 그냥 쓰는 것이 아니라 경험, 지식, 사유라는 글의 세 가지 요소를 적절히 활용한다는 인식을 갖고 쓰면 한결 풍부하면서 완성도 있는 글을 쓸 수 있다.

문장 수집하기

주제를 정했다면 그 주제와 관련 있는 문장을 수집하자. 아직 주제가 없다면 자신의 커리어와 관련된 콘텐츠에서 기억하고 싶은 문장을 찾아보자. 일명 '오늘의 문장 시리즈'를 연재하는 것이다. 무리해서 생각해내려 하지 말고, 오늘 보고 들은 것

중에 기억하고 싶은 문장을 적는다. 한 문장일 수도 있고, 한 문단일 수도 있다. 단, 마지막에 출처와 링크를 덧붙이는 것을 잊지 말자. 글을 길게 쓰는 것이 부담스럽다면 블로그나 브런치스토리 같은 플랫폼보다는, 페이스북이나 인스타그램 같은 가벼운 SNS에서 시작하는 것이 더 적합하다.

한 줄짜리 글이 무슨 의미가 있을까 싶겠지만, 매일 꾸준히 기록하면 팔로워들의 머릿속에 어떤 이미지를 심어줄 수 있다. '이 사람은 매일 콘텐츠를 보는 사람이구나', '이런 결의 콘텐츠를 좋아하는구나', '그냥 지나치지 않고 기록하는 사람이구나'와 같은 긍정적인 인식이 생긴다. 공유한 문장이 우연히 누군가에게 깊은 영감을 주거나 아이디어의 단초가 되기도 한다. 어쩌면 내 글에 공감과 감사의 댓글이 달리는 순간이 올지도 모른다.

책에서 문장을 수집하는 것이 가장 무난하다. 책과 관련한 콘텐츠는 유행을 타지 않는 소재다. 하루에 한 페이지만 읽어도 좋다. 밑줄 그은 문장과 표지를 사진 찍어서 글과 함께 포스팅해보자. 그러다 어느 순간 '한 줄 쓰기'가 만만해진다면 조금 더 나아가 '두 줄 쓰기'를 시도해보자. 문장을 수집한 이유를 함께 적는 것이다. 물론 더 많은 내용을 쓰는 건 자유다. 다만 만만하다는 느낌을 유지해야 오래 지속할 수 있으니 너무 잘하려고 무리하지 않는 것이 좋다.

'오늘의 문장 시리즈'를 연재하기 시작하면, 매일 하나의 문장을 발견하기 위해 무심코 지나쳤을지도 모를 일상을 유심히 관찰하는 자신을 발견하게 될 것이다.

한 줄 쓰기에서 600자 쓰기로

한 줄 쓰기에서 시작해 점진적으로 분량을 확장해 나가는 연습을 해보자. 글의 재료인 경험, 지식, 사유를 어떻게 활용하고 조합하는지 관찰하자.

✓ 한 줄 쓰기

아래는 전시에서 본 인터뷰 영상에서 들은 문장을 수집해 한 줄 쓰기를 한 예시다.

[70자]

'회사 만들기' 전시를 다녀온 후 두고두고 기억나는 건 단 하나,

파타고니아를 설립한 이본 쉬나드의 말이다.

"품질을 높이세요."

비록 70자 정도의 짧은 글이지만 다음과 같이 독자에게 다

양한 정보를 전달하고 있다.

- '회사 만들기'라는 전시가 있다.
- 파타고니아의 설립자는 이본 쉬나드다.
- 이본 쉬나드가 "품질을 높이세요"라고 말했다.

수많은 전시 중 하필 그 전시를 갔다는 점, 그리고 전시에서 본 수많은 것 중에 하필 그 문장을 기억했다는 점에서 독자는 글쓴이의 관심사와 가치관을 유추할 수 있다. 이 글을 본 사람 중 누군가는 전시가 지금도 열리고 있는지 궁금해지거나, 파타고니아와 이본 쉬나드에 대해 더 알고 싶어질지도 모른다.

300자로 확장하기

수집한 문장이 기억에 남는 이유를 추가해 한 줄을 300자로 확장했다. 전시에 다녀온 '경험'과 문장으로 인해 떠오른 '사유'를 조합한 것이다. 전시 정보를 넘어 글쓴이의 가치관을 확실하게 드러냈다.

[315자]

'회사 만들기' 전시를 다녀온 후 두고두고 기억나는 건 단 하나, 파타고니아를 설립한 이본 쉬나드의 말이다.

"품질을 높이세요."

왜 이 일을 하는가?

일을 통해 무엇이 되려는 걸까?

진정성을 지키며 성공하는 것은 어떻게 가능할까?

사는 내내 일에서, 삶에서 목적에 대해 생각하는 걸 멈출 수가 없었다.

끊임없이 답을 찾는 과정에서 나름의 임시 결론을 내리기도 하고,

확장하기도 하고, 방향을 바꾸기도 하면서

의미의 바다를 유영하고 있다.

그런 나에게 이본 쉬나드의 짧은 인터뷰 영상은 50년 동안

파타고니아를 통해 자기 철학과 진정성을 증명한 '진짜의 말'이었다.

600자로 확장하기

경험과 지식을 조합한 300자 분량의 글에 '지식'을 추가해 600자로 확장했다. 실제 전시에서 본 인터뷰 영상 내용을 요약했다. 파타고니아가 어떤 회사인지, 이본 쉬나드가 누구인지 모르는 사람에게 새로운 정보를 제공하는 것이다.

이런 글쓰기는 단순한 기록을 넘어선다. 글로 정리하면 기억이 더 오래 남고, 필요할 때 쉽게 찾아볼 수 있다. 독자에게는 유용한 정보를 제공하고, 글쓴이에게는 경험을 체계적으로 정리하는 계기가 된다. 이 과정은 전시 관람의 연장선으로, 스쳐 지나갈 수 있었던 순간을 글로 남겨 더 깊은 의미로 승화시킨다.

[610자]

'회사 만들기'전시를 다녀온 후 두고두고 기억나는 건 단 하나,

파타고니아를 설립한 이본 쉬나드의 말이다.

"품질을 높이세요."

이본 쉬나드는 등반 장비 사업으로 성공했지만, 장비가 암벽에

손상을 준다는 걸 깨닫고 큰 충격을 받았다. 자연을 사랑하는 등반가인

자신이, 반대로 자연을 파괴하는 주체가 됐다는 자각을 한 것이다.

그래서 기존 제품의 생산을 중단하고 암벽에 해를 덜 끼치는

혁신적인 친환경 장비를 개발했다.

이후 아웃도어 활동과 환경 보호를 동시에 실현할 더 큰 비전을 품고

1973년에 파타고니아를 만들었다. 파타고니아는 오래 쓰고,

다시 쓰고, 수선해서 쓰는 문화를 독려하며 환경과 조화를 이루는

지속 가능한 사업 방식을 지금까지 이어오고 있다.

왜 이 일을 하는가?

일을 통해 무엇이 되려는 걸까?

진정성을 지키며 성공하는 것은 어떻게 가능할까?

사는 내내 일에서, 삶에서 목적에 대해 생각하는 걸 멈출 수가 없었다.

끊임없이 답을 찾는 과정에서 나름의 임시 결론을 내리기도 하고,

확장하기도 하고, 방향을 바꾸기도 하면서 의미의 바다를 유영하고 있다.

그런 나에게 이본 쉬나드의 짧은 인터뷰 영상은 50년이라는

시간으로 자기 철학과 진정성을 증명한 '진짜의 말'이었다.

2개 이상의 문장 활용하기

하나의 글에 두 개 이상의 문장을 가져올 수도 있다. 다음은 소설가 김영하가 출연한 세바시 영상 〈해방의 글쓰기〉를 보고 쓴 글이다. 이 18분짜리 영상은 상당히 많은 내용을 담고 있지만, 그중 유독 강렬한 느낌을 받은 문장을 두 개 가져왔다. 그 두 문장 사이에 관련 내용을 한 문단으로 요약해 배치했다. 진짜 하고 싶은 말은 맨 뒤에 덧붙였다.

[380자]

"나는 용서한다."

소설가 김영하가 어느 대학 글쓰기 강의에서 학생들에게 던진 첫 문장이다. 이 문장을 받아 든 학생들은 두 번째 문장부터 자기 안에 있는 용서할 수 없는 기억을 꺼낼 수밖에 없다. 그리고 세 번째 문장을 쓸 때쯤이면 완전히 글쓰기에 몰입하게 된다. 단 몇 줄을 썼을 뿐인데 펜을 잡은 사람이 자기 경험 속으로 힘껏 뛰어들게 되는 것이다.

김영하 작가는 말했다.

"일단 첫 문장을 적으세요. 그것이 모든 걸 바꿀지도 모르니까요."

무엇을 써야 할지 모르는 사람들에겐 생각의 물꼬를 터주는 한 문장이 큰 도움이 된다. 소설이 아닌 실용 글쓰기를 하는 나와 같은 사람에게도 영감을 주는 한 문장은 유용하다. 그래서 좋은 문장을 모아둔 책들을 곁에 두고 자주 본다.

여러 문장을 한꺼번에 가져오는 가장 쉬운 방법은 글머리 기호를 활용하는 것이다. 아래 예시처럼 책을 읽고 밑줄 친 문장 여덟 개에 글머리 기호를 붙여 나열한 다음 간단하게 소감을 덧붙이면, 어렵지 않게 500자 분량의 유용한 글을 쓸 수 있다. 이렇게 'N개 문장 수집'이라는 콘셉트를 정해 시리즈 글을 발행해보면 어떨까?

[480자]

우연히 발견한 책 『당신의 책을 가져라』에서 발견한 여덟 개의 밑줄이다. 모아놓고 보니 책을 쓰고 싶어졌다.

- 책 쓰기는 삶이 주는 최고의 학위다. 더 이상 당신은 이력서도 프로필도 필요 없게 된다.
- 정말 중요한 것에 힘을 몰아주고 나머지는 대충 살아야 제대로 사는 것이라고 한다.
- '중점을 어디에 두는가'는 자기 자신이 결정한다. 최고의 경력을 쌓고 많은 돈을 벌기로 결정했다면 여유를 가질 만한 시간이 없다고 한탄해선 안 된다.
- 당신이 어떤 목적과 비전을 가지고 책을 쓰든 그것은 온전하게 당신 몫이다. 누구보다 나은 목적, 누구보다 못한 비전 따윈 없다.

- 자신의 체험을 소재로 쓰는 책의 경우 내용 전개에 필요한 것은 어떤 것이라도 낱낱이 공개할 수 있어야 한다. 그래야 독자의 공감도 크다.
- 누가 봐도 알아보기 쉬워야 한다.
- 책을 쓰고 싶다면 책과 스킨십을 많이 해야 한다.
- 모든 점이 하나로 연결된다는 것을 믿어야 한다.

밑줄 모음만으로 글을 마무리할 수 있지만, 조금 더 긴 글을 쓰고 싶다면 해당 책과 관련한 경험이나 사유를 더해서 분량을 확장할 수 있다. 단순히 책에서 얻은 지식에 그치지 않고, 경험과 사유를 더해 글에 깊이를 더하는 것이다. 아래는 '처음으로 책을 쓰고 싶다는 생각을 하게 된 계기'를 추가해 글을 두 배로 확장한 글이다. 자기 역사 연표나 커리어 타임라인에 있는 에피소드를 이런 방식으로 활용할 수 있다.

[1,000자]

아주 오래전부터 쓰는 사람이 되고 싶었다. 언제 그 마음이 생겼는지 최초의 기억을 떠올려보자면 신입사원 1년 차까지 거슬러 올라간다. 감히 꿈을 꿨다. 책을 쓰고 싶다고. 『당신의 책을 가져라』라는 책을 읽은 순간부터였다.

이 책은 그때부터 지금까지 내 책장에서 가장 눈에 잘 띄는 위치에

꽂혀 있다. 책등에 적혀 있는 '당신의 책을 가져라'라는 문장이 너무나 강렬해서 양옆으로 아무리 많은 책이 꽂혀 있어도 매번 나와 눈이 마주치곤 했다. 그렇게 지금까지 쓰는 사람이 되는 길로 나를 몰아세웠다. 글을 쓰는 것은, 그리고 책을 쓰는 것은 내 머릿속을 지배하는 하나의 테마이자, 이뤄야 할 목표이자, 해내야 할 과업이었다. 글을 쓰기 위해 오랜만에 펼쳐본 이 책에서 발견한 몇몇의 밑줄이 나를 놀라게 했다. 지금의 내가 하는 행동, 언어, 태도의 근원이 거기에 있었기 때문이다.

- 책 쓰기는 삶이 주는 최고의 학위다. 더 이상 당신은 이력서도 프로필도 필요 없게 된다.
- 정말 중요한 것에 힘을 몰아주고 나머지는 대충 살아야 제대로 사는 것이라고 한다.
- '중점을 어디에 두는가'는 자기 자신이 결정한다. 최고의 경력을 쌓고 많은 돈을 벌기로 결정했다면 여유를 가질 만한 시간이 없다고 한탄해선 안 된다.
- 당신이 어떤 목적과 비전을 가지고 책을 쓰든 그것은 온전하게 당신 몫이다. 누구보다 나은 목적, 누구보다 못한 비전 따윈 없다.
- 자신의 체험을 소재로 쓰는 책의 경우 내용 전개에 필요한 것은 어떤 것이라도 낱낱이 공개할 수 있어야 한다. 그래야 독자의 공감도 크다.
- 누가 봐도 알아보기 쉬워야 한다.

- 책을 쓰고 싶다면 책과 스킨십을 많이 해야 한다.
- 모든 점들이 하나로 연결된다는 것을 믿어야 한다.

내 안에 경험도, 지식도, 사유도 채워지지 않은 사회초년생 시절에 읽은 이 한 권의 책이 이후 삶에 미친 영향은 내가 기억하고 있는 것보다 훨씬 컸다. 역시 기록해보지 않고는 자기가 누구인지 알 수 없다.

글로 정리하면 기억이 더 오래 남고,

필요할 때 쉽게 찾아볼 수 있다.

독자에게는 유용한 정보를 제공하고,

글쓴이에게는 경험을 체계적으로 정리하는 계기가 된다.

02

긴 글쓰기를 위한
구조 설계하기

짧은 글쓰기에 익숙해졌다면 이제 완성도 있는 긴 글을 쓰는 단계로 넘어가보자. 어느 정도의 분량으로 글을 써야 할까? 글의 길이에 정해진 규칙은 없다. 전달하고 싶은 내용을 충분히 담았다면 적절한 분량이다. 다만 글의 길이가 가독성에 영향을 미친다는 점은 고려해야 한다. 너무 길면 독자가 도중에 흥미를 잃고 이탈한다. 반대로 너무 짧으면 짜임새 있는 구성을 갖추기 어렵다.

어느 정도 형식을 갖춘 글을 쓰고 싶다면 약 2,000자에서 3,000자 사이의 분량을 권하고 싶다. 읽는 데 5~8분 정도 걸린다. 일반적인 단행본 한 꼭지 분량이기도 하다. 점차 글쓰기에 자신감이 붙고 분량을 확장하는 요령을 익히고 나면 5,000자에서 10,000자 이상의 긴 글도 자연스럽게 쓸 수 있을 것이다.

그냥 쓰는 수준에서 잘 쓰는 수준으로 도약하려면 의식적인 노력과 시간이 필요하다. 물론 쉽지는 않다. 그런데 이 '쉽지 않음'이야말로 긍정적인 신호다. 왜냐하면 그 어려움은 누구에게나 동일하게 적용되기 때문이다. 대부분 초반에 포기하기 때문에 글을 잘 쓰는 사람은 소수다. 그래서 조금만 노력해도 차별성이 생긴다. 충분히 투자할 만한 가치가 있다.

'민토 피라미드'로 글의 구조 설계하기

짧은 글은 두세 문단으로 끝나기 때문에 자유롭게 써도 괜찮다. 하지만 긴 글은 계획 없이 쓰면 논리적인 흐름을 만들기 어렵다. 백지에서 바로 시작하기보다는 미리 구상을 해야 한다. 일본의 교육학자 사이토 다카시さいとう たかし는 '즉흥적인 재즈 연주처럼 기분에 따라 글을 써서 좋은 작품이 나온다는 생각은 큰 착각'이라고 말했다.

글쓰기는 마치 블록 쌓기와 같다. 문장이 아닌 문단을 하나의 단위로 삼아 쌓고, 추가하고, 제거하고, 이동하며 편집하는 지적 활동이다. 하나의 블록은 하나의 작은 생각 조각이다. 나는 글을 첫 줄부터 마지막 줄까지 한 번에 쓰지 않는다. 주제에 따라 경험, 지식, 사유라는 생각 조각들을 모아 이리저리 조립하며 글의 형태를 만든다. 레고 블록을 맞추듯이 말이다.

쓰고 싶은 주제가 있지만 구체적으로 어떻게 전달해야 할지 몰라 망설이는 경우가 많다. 커리어 브랜딩을 위한 글은 문학 작품이 아니다. 실용적이고 논리적인 글에서 중요한 건 구조다. 난해한 글은 대부분 글쓴이의 생각이 정리되지 않은 데에 문제가 있다. 글을 쓰기 전에 생각의 배열을 먼저 해야 한다. 예쁜 문장을 쓰는 건 그다음이다. 이런 점에서 '민토 피라미드 원칙(Minto Pyramid Principle)'이 강력한 도구가 될 수 있다.

민토 피라미드 원칙은 맥킨지 최초의 여성 컨설턴트인 바바라 민토가 개발한 방법론이다. 이 원칙은 현재 맥킨지의 글쓰기 표준으로 자리 잡았으며, 명확하고 설득력 있는 문서를 작성하는 데 널리 활용되고 있다. 핵심은 생각을 피라미드 형태로 구성하는 것이다. 즉, 글의 주제를 맨 위에 놓고, 이를 뒷받침하는 개념과 세부 아이디어를 계층적으로 배열하는 방식이다. 글을 쓰기 전에 생각을 피라미드 구조로 구성하면 독자에게 명확하고 이해하기 쉬운 글을 전달할 수 있다. 글에 따라 달라질 수 있지만 피라미드의 기본형은 1·3·9 구조다. 핵심 메시지 한 개, 핵심 개념 세 개, 세부 아이디어 아홉 개다.

- 핵심 메시지 : 독자가 반드시 이해해야 할 가장 중요한 생각
- 핵심 개념 : 핵심 메시지를 뒷받침하는 주요 아이디어
- 세부 아이디어 : 핵심 개념을 구체화하고 확장하는 세부 내용

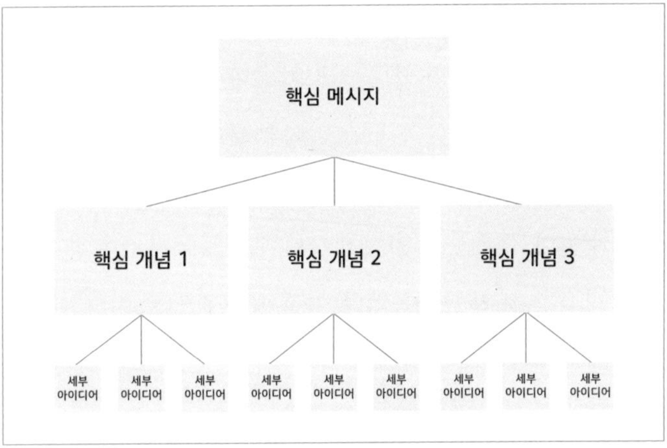

피라미드를 만드는 방법에는 두 가지가 있다. 탑다운(Top-down) 방식과 바텀업(Bottom-up) 방식이다. 쓰고 싶은 주제가 명확하다면 탑다운 방식을, 주제를 정하지 못했거나 막막하다면 바텀업 방식을 선택하면 된다.

탑다운 방식 : 결론부터 시작하기

탑다운 방식은 결론부터 시작하는 접근법이다. 피라미드의 정상에 있는 박스를 먼저 채운다. 명확한 결론에서 시작해 논리를 빠르게 전개하는 데 적합하다.

사람들은 글의 결론을 맨 마지막에 쓴다. 그런데 오히려 결론을 먼저 정리하고 글을 쓰는 게 효과적이다. 절대 수정하지 않을 완벽한 결론이 아니라, 직관적으로 떠오르는 임시 결론과 이유를 간단히 적는 것으로 충분하다. '이 글의 중심 개념은?', '그래서 이 글의 결론은?'과 같은 질문에 답하면 이후 글의 구상부터 퇴고까지 모든 과정에서 기준이 생긴다.

주제에 대한 정보가 부족해도 가설을 세울 수 있다. 일본의 비즈니스 사고 전문가 우치다 카즈나리うちだかずなり는 이를 '가설사고'라고 부른다. 충분한 정보가 없더라도 문제의 전체적인 그림이나 결론을 먼저 생각하는 사고방식이다. '좀 더 조사한 다음 쓰자'라는 생각이 들고 답답해도 조금만 참고 생각하자. 지나고 보면 이게 더 빠른 방법이라는 것을 알게 된다. 가설사고는 경험과 직관을 활용한다. 그래서 탑다운 방식은 이미 어느 정도 알고 있는 주제로 글을 쓸 때 적합하다.

바텀업 방식 : 생각 조각에서 시작하기

바텀업 방식은 이리저리 수집한 생각 조각에서 출발한다. 확실한 주제가 없거나 글의 방향이 불분명할 때 효과적이다. 경험, 지식, 사유의 조각들을 모아놓고, 이를 점차 정리해 나간다. 유사한 아이디어를 그룹화하는 과정에서 어떤 주제가 도출될지 서서히 윤곽이 드러난다. 피라미드의 정상은 비워두고 나머지 박스 중 채울 수 있는 것부터 채워 나가는 방식이다.

긴 글쓰기 7단계

차근차근 체계적으로 접근할 수 있도록 글쓰기를 7단계로 설정했다.

1. 독자의 상황과 질문 설정하기

'독자는 어떤 상황에 놓여 있는가? 그래서 어떤 질문을 던지는가?' 글은 이 질문에 대한 답이어야 한다. 처음으로 생각을 적는 단계이기 때문에 다소 거칠고 엉성해도 괜찮다. 중요한 것은 아이디어를 가시화하는 것이다. 가능하다면 제목도 함께 작성해보자.

2. 생각 조각 모으기(내부 리서치)

독자의 질문을 바탕으로 떠오르는 경험, 지식, 사유의 생각 조각을 적는다. 단편적인 조각글을 떠오르는 대로 적으면 된다. 글쓰기는 확장 게임이다. 쓸 수 있는 재료를 펼쳐놓고, 이후에 선별하고 조합해 점차 글의 분량을 늘려가야 한다.

3. 피라미드로 구조 설계하기

탑다운과 바텀업 중 적절한 방식을 선택해 생각을 피라미드 형태로 정리한다. 피라미드는 글의 임시 지도 역할을 한다. 이후 단계를 거치면서 피라미드를 다듬자.

✓ 4. 가볍게 아는 만큼 쓰기

피라미드와 생각 조각 모음을 참고해 초안을 작성한다. 처음부터 완벽한 문장을 쓰려 하지 말고 떠오르는 생각을 빠르게 글로 옮긴다. 어느 정도 내용을 채우면 처음부터 끝까지 읽어본다. 세부 요소보다는 큰 흐름에 초점을 맞춘다.

✓ 5. 외부 리서치하기

초안 중에서 불확실하거나 검증이 필요한 부분, 주장을 뒷받침할 근거 자료가 필요한 부분을 찾아 리서치한다. 권위자의 말을 인용하거나 통계 자료를 추가하면 글의 신뢰도를 높일 수 있다. 리서치가 필요하지 않다면 이 단계를 생략한다.

✓ 6. 초안에 살 붙이기

초안에 리서치 자료를 더하고 세부 내용을 추가하며 글을 풍부하게 만들어간다. 이 단계에서 새로운 생각 조각들이 떠오르는 경우가 많다.

✓ 7. 퇴고하기

작성한 글을 '퇴고 체크리스트'를 참고해 꼼꼼히 다듬는다. 마지막으로 글 전체를 읽으며 문장이 어색하거나 논리적으로 부족한 부분이 없는지 확인한다.

03

긴 글쓰기
단계별 연습

프로젝트 경험을 기록할 때 거창한 성과를 다뤄야 한다는 부담을 가질 필요는 없다. 자신이 주체적으로 이룬 성과라면 아주 작더라도 충분히 가치가 있다. 일이란 매일 반복되지만 매번 똑같지도 않다. 패턴을 파악하고, 불확실성에 대응하면서 노하우가 쌓인다. 이렇게 획득한 실력을 보여주고 싶다면 구체적인 상황과 사유와 행동을 묘사해야 한다. 실력은 디테일에 있다.

더불어 작은 성공 경험에 가치를 부여하는 행위는 강점의 씨앗을 발견하고 자기 효능감을 높인다는 점에서도 중요하다. 자기 경험을 과소평가하지 말자.

다음 장에 서술된 예시는 디자인 PL(Project Leader)로서 겪은 프로젝트 경험을 기록한 글이다. 전문성의 여섯 기둥 중 소통 역량에 강점이 있다는 것을 드러냈다. 까다로운 고객을 만나 어려움을 겪는 사람들에게 도움이 될 만한 노하우, 관점 그리고 태도를 담았다.

실제로 내가 글을 쓰는 방식을 6단계로 구현했다. 참고해서 자신의 주제로 첫 번째 글을 써보자. 마지막 퇴고 단계는 별도의 장에서 상세히 설명할 것이다.

1단계 : 독자의 상황과 질문 설정하기

독자가 처한 상황과, 그 상황에서 던질 질문을 각각 한 줄로 썼다. 사실은 일터에서 실제로 경험한 나 자신의 이야기다. 자기 자신이 독자가 될 수도 있는 주제와 소재를 다루면 실천적이면서 진정성 있는 글을 쓸 수 있다.

- 독자의 상황 : 진행 중인 프로젝트에 들어갔는데 까다로운 고객이 마이크로 매니징을 하고 있어 고민을 하고 있다.
- 독자의 질문 : 디자인 리더로서 의심의 눈초리로 바라보는 고객의 신뢰를 얻으려면 어떻게 해야 할까.

2단계 : 생각 조각 모으기

독자의 질문에 답을 해야 한다면, 어떤 이야기를 해줄 수 있을까? 관련해서 떠오르는 생각 조각들을 떠오르는 대로 썼다.

- 한창 진행 중인 프로젝트에 갑자기 PL(Project Leader)로 투입됐다. 담당자가 까다롭다는 소문을 여러 번 들어 알고 있었다. 엄청 세세한 부분까지 간섭해서 일하기 힘들다는 이야기를 들었다. 기존에 일하던 방식이 잘못됐고, 절대로 그런 방식으로 일할 수는 없다고 판단했다.
- 투입되고 얼마 안 있어 고객사 담당자가 기존 사이트 분석 리뷰를 해달라고 요청했다. 내 실력을 테스트하고 싶어 하는 걸 느꼈다.
- 세 가지 목표를 세웠다.
  (1) 믿고 맡길 수 있는 사람으로 인식되기
  (2) 좋은 디자인이 무엇인지 알도록 돕기
  (3) 사이트 리뉴얼이 필요하다는 걸 깨닫게 하기
- 이 프로젝트에서 발휘한 전문성은 태도, 지식, 소통이다.
- 기존 사이트의 첫인상은 '이상하다'였다. 왜 이렇게 디자인했지?
- 리뷰 문서의 구성은 디자인 트렌드와 디자인의 기본 요소 네 가지였다. (이미지, 색, 타이포그래피, 대비)
- 기존 사이트와 비교해서 볼 수 있도록 좋은 디자인 사례를 많이 넣었다. 글로벌 기업답게 퀄리티를 높여야 한다는 걸 깨달을 수 있도록 돕고 싶었다.

• 마지막 장에 담당자가 참고하면 좋을 자료 링크 모음을 넣었다.

3단계 : 피라미드로 구조 설계하기

지금까지 쓴 내용을 바탕으로 피라미드를 만들었다. 핵심 메시지를 '디자인 리더의 전문성, 까다로운 고객과의 소통 노하우, 프로젝트 초반에 신뢰 얻는 법'으로 작성했다. 그리고 이를 떠받치는 세 가지 개념으로 흐름을 잡았다. 모아놓은 생각 조각 중에 활용할 조각을 가져와 순서를 이리저리 옮겨보면서 핵심 개념을 하위에 배치했다. 피라미드를 기준으로 임시 제목도 지었다.

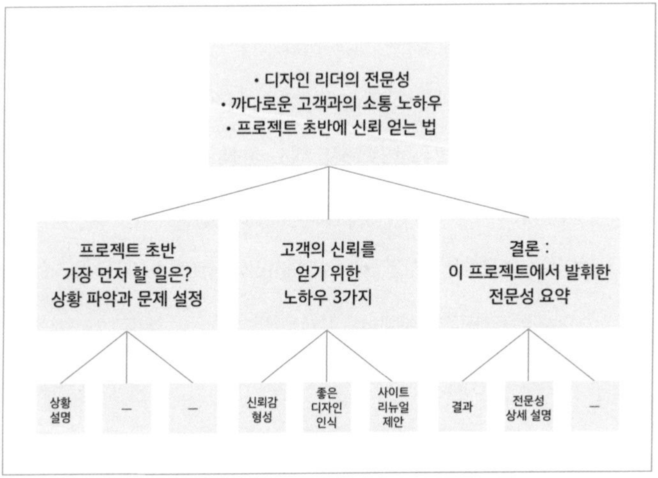

임시 제목 : 까다로운 고객에게 신뢰를 얻는 디자이너의 전략

4단계 : 가볍게, 아는 만큼 쓰기

피라미드에 있는 구조에 따라 핵심 메시지와 핵심 개념을 옮겨 적었다. 각 개념에 맞게 생각 조각들을 옮겨 쓰고, 추가로 떠오르는 생각들을 거르지 않고 마구 쓰기 시작했다.

[핵심 메시지]

디자인 리더의 전문성, 까다로운 고객과의 소통 노하우

[핵심 개념 1]

프로젝트 초반 가장 먼저 할 일은? 상황 파악과 문제 설정

한창 진행 중인 프로젝트에 갑자기 PL(Project Leader)로 들어갔다. 투입되고 얼마 안 있어 고객사 담당자가 메일을 보냈다. 기존 사이트 분석 리뷰를 해달라고. 내 실력을 테스트하고 싶어 하는 걸 느꼈다. 프로젝트 초반에 진행하는 고객 리뷰는 이후 전반적인 과정에 큰 영향을 미친다. 그래서 가장 먼저 한 일은 이 자리를 통해 서로 얻고 싶은 것이 무엇인지 미리 가늠해보는 것이었다.

세 가지 목표를 세웠다.

(1) 믿고 맡길 수 있는 사람으로 인식되기

(2) 좋은 디자인이 무엇인지 알도록 돕기

(3) 사이트 리뉴얼이 필요하다는 걸 깨닫게 하기

[핵심 개념 2]

고객의 신뢰를 얻기 위한 노하우 3가지

(1) 믿고 맡길 수 있는 사람으로 인식되기

팀원들에게 프로젝트에서 어려운 점이 무엇인지 물었을 때 가장 많이 들은 말은 '고객이 너무 까다롭다'였다. 고객이 디자인 파일을 받을 때마다 수십 개씩 번호를 달아 수정 사항을 보낸다고 했다. 담당자가 까다롭다는 소문을 여러 번 들어 알고 있었다. 엄청 세세한 부분까지 간섭해서 일하기 힘들다는 이야기를 들었다. 기존에 일하던 방식이 잘못됐고, 절대로 그런 방식으로 일할 수는 없다고 판단했다. 리뷰를 통해 믿고 맡겨도 될 만한 사람이라는 인식을 심어줘야 한다는 생각이 들었다. 쉬운 말로 요점을 전달함으로써 내공 있는 전문가라는 이미지를 얻을 필요가 있었다.

(2) 좋은 디자인이 무엇인지 알도록 돕기

기존 사이트의 첫인상은 '이상하다'였다. 왜 이렇게 디자인했냐고 물으니 팀원들은 고객이 시켜서 그랬다고 말했다. 고객의 눈높이를 높이기 위해 좋은 디자인이 무엇인지 이해할 수 있도록 리뷰문서를 구성했다. 디자인 트렌드에 이어 디자인의 기본 요소 네 가지를 담았다. 이미지, 색, 타이포그래피, 대비였다. 더불어 기존 사이트와 비교해서 볼 수 있도록 좋은 디자인 사례를 많이 넣었다.

(3) 사이트 리뉴얼이 필요하다는 걸 깨닫게 하기

기존 사이트가 만들어진 지 2년이 지난 시점에 고객의 마이크로 매니징으로 사용성이 많이 망가져 있었다. 게다가 시각적으로 봤을 때도 트렌드가 한참 지나 올드해 보였다. 그래서 나는 담당자가 스스로 '이 상태라면 사이트 리뉴얼을 해야겠는데'라는 생각을 할 수 있게 발표 자료에 일부러 경쟁사 사례와 글로벌 브랜드 사례를 많이 넣었다. 글로벌 기업답게 퀄리티를 높여야 한다는 것을 깨달을 수 있도록 돕고 싶었다. 마지막 장에 담당자가 참고하면 좋을 자료 링크 모음도 넣었다.

[핵심 개념 3]

결론 : 이 프로젝트에서 발휘한 전문성 요약

이 프로젝트에서 발휘한 전문성은 태도, 지식, 소통이다.

5단계 : 외부 리서치하기

글을 쓰다 보니 당시 제작했던 리뷰 문서를 다시 확인할 필요를 느꼈다. 리뷰 준비 과정을 구체적으로 묘사하기 위해 문서를 처음부터 끝까지 다시 살펴보았다. 또한, 고객이 보낸 리뷰 요청 이메일도 열어 확인했다. 이를 통해 리뷰 요청을 받은 순간부터 문서를 제작하고 발표를 마친 순간까지 모든 과정을 선명하게 복기할 수 있었다. 온라인으로 리서치를 하는 것뿐만 아니라, 이미 가지고 있는 자료를 찾아보고 활용하는 것도 외부 리서치에 해당된다.

6단계 : 초안에 살 붙이기

초안으로 작성한 글에 리서치 내용을 반영했다. 보충 설명이 필요한 부분과 표현이 모호한 부분에 상세한 설명을 추가했다. 독자의 흥미를 끌기 위해 핵심 개념을 대체할 소제목을 새로 지었다. 퇴고까지 마친 최종 글은 아래 링크를 통해 확인할 수 있다.

[저자의 긴 글쓰기 예시]

민토 피라미드 : 글 구조 설계하기

까다로운 고객에게 신뢰를 얻는 디자이너의 전략

[독자의 상황] 진행 중인 프로젝트에 들어갔는데 까다로운 고객이 마이크로 매니징을 하고 있어 고민을 하고 있다.

[독자의 질문] 디자인 리더로서 의심의 눈초리로 바라보는 고객의 신뢰를 얻으려면 어떻게 해야 할까?

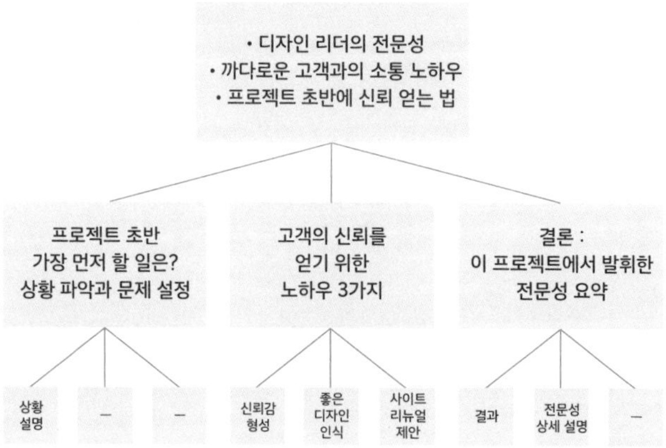

- 한창 진행 중인 프로젝트에 갑자기 PL(Project Leader)로 투입됐다. 담당자가 까다롭다는 소문을 여러 번 들어 알고 있었다. 엄청 세세한 부분까지 간섭해서 일하기 힘들다는 이야기를 들었다. 기존에 일하던 방식이 잘못됐고, 절대로 그런 방식으로 일할 수는 없다고 판단했다.
- 투입되고 얼마 안 있어 고객사 담당자가 기존 사이트 분석 리뷰를 해달라고 메일을 보냈다. 내 실력을 테스트하고 싶어 하는 것을 느꼈다.
- 세 가지 목표를 세웠다. (1) 믿고 맡길 수 있는 사람으로 인식되기, (2) 좋은 디자인이 무엇인지 알도록 돕기, (3) 사이트 리뉴얼이 필요하다는 걸 깨닫게 하기.
- 이 프로젝트에서 발휘한 전문성은 태도, 지식, 소통이다.
- 기존 사이트의 첫인상은 '이상하다'였다. 왜 이렇게 디자인했지?
- 리뷰 문서의 구성은 디자인 트렌드와 디자인의 기본 요소 네 가지였다. → 이미지, 색, 타이포그래피, 대비
- 기존 사이트와 비교해서 볼 수 있도록 좋은 디자인 사례를 많이 넣었다. 글로벌 기업답게 퀄리티를 높여야 한다는 걸 깨달을 수 있도록 돕고 싶었다.
- 마지막 장에 담당자가 참고하면 좋을 자료 링크 모음을 넣었다.

04

손쉽게 글쓰기 기술을 키워주는 노하우

필사하기

좋은 글을 닮기 위한 연습, 필사를 하자. 필사는 단순히 글자를 종이에 옮겨 쓰는 게 아니다. 롤모델의 서술 방식과 표현 기법을 닮으려는 의식적인 노력이다. 다음의 필사 가이드를 따라가면서 그 글의 저자가 되어보는 경험을 해보자. 눈으로 보기만 했을 때는 몰랐지만 필사를 하면서 알게 되는 것들이 분명 있을 것이다.

필사하는 방법

1. 롤모델 작가의 글 중에서 필사하고 싶은 글을 고른다.
2. 얼마나 필사할 것인지 시간과 분량을 정한다. 한 편의 글을 처음부터 끝까지 전부 필사할 필요는 없다. 빠르게 많이 하기보다는 차분히 글을 숙지해 체화한다는 마음으로 한다.
3. 옮겨 쓰기 전에 전체적으로 글을 읽고 흐름을 파악한다.
4. 종이에 옮겨 쓴다. 의미 덩어리로 외워서 옮겨 쓴다. 단어를 하나씩 옮겨 쓰면 그저 베끼기만 하는 단순 행위만 하게 된다.
5. 필사 후 소리 내 읽는다.
6. 눈으로 보기만 했을 때는 몰랐지만 필사를 하면서 알게 된 것을 글로 쓴다.
7. 그 글을 필사하기로 선택한 이유, 좋은 글이라고 생각한 이유를 함께 적는다.
8. 필사한 글을 사진으로 찍어 SNS에 공유하는 것도 좋은 방법이다.

글의 처음과 마지막 문장만 열 개씩 필사하는 방법도 있다. 문장이 아닌 문단을 필사해도 좋다. 많은 사람이 글의 시작과 끝을 어떻게 써야 할지 막막해한다. 이때, 다양한 시작과 마무리 방식을 모아두면 글을 쓸 때 이전보다 훨씬 수월하다.

인용하기

저명한 학자, 전문가, 작가의 말을 빌려 주장을 뒷받침함으로써 글에 권위를 더할 수 있다. 인용할 땐 반드시 출처를 명시하자. 인용은 글의 분량을 늘리는 효과적인 방법이기도 하다. 하지만 남용은 피해야 한다. 인용의 핵심은 단순히 문장을 가져오는 데 있는 것이 아니라, 글의 논리와 주제를 강화하는 데 있다. 따라서 인용한 내용에 자신의 해석이나 의견을 덧붙이는 과정이 반드시 필요하다.

인용하는 방식은 두 가지다. 동일한 형식을 반복하기보다는 그때그때 인용 방식을 적절히 사용하면 글이 더욱 풍부해진다. 아래 예시는 지금 읽고 있는 이 책에 있는 글 조각이다.

직접 인용

원문을 그대로 가져와 따옴표 안에 담는 방식이다. 인용한 내용과 출처를 독자에게 그대로 전달한다.

> 이 책에서 말하는 '나를 보이는 능력'은 실속 없이 외적으로 이미지 관리만 하는 얄팍한 처세술이 아니다. 이러한 능력을 이해하려면 '나'라는 개인을 공동체의 일원으로 바라보는 관점이 필요하다. 이와 관련해 세계적인 과학자 앨버트 바슬로 바라바시Albert-Laszlo Barabasi

는 이렇게 말했다.

"성공은 사람들이 당신의 성과에 어떻게 반응하는지를 측정하는 집단적 척도다."

-『포퓰러, 47p』

간접 인용

원문의 내용을 요약하거나 재구성해 표현하는 방식이다. 원문의 핵심 아이디어를 글에 자연스럽게 녹여낼 수 있다.

조직 심리학자 애덤 그랜트Adam M. Grant는『기브 앤 테이크』에서 인간의 상호작용 방식을 세 가지로 분류했다. 테이커(Taker)는 자신의 이익을 우선하며 받는 데 집중하고, 매처(Matcher)는 주고받음을 공정하게 맞추려 한다. 반면 기버(Giver)는 자신의 이익을 넘어 타인을 돕는 데 초점을 둔다.

흥미로운 점은 기버가 세 유형 중 가장 크게 성공하거나, 가장 크게 실패할 가능성이 높은 유형이라는 것이다. 성공한 기버는 자신의 이익과 타인의 이익을 균형 있게 고려하며 장기적이고 지속 가능한 성과를 만들어낸다. 반면 실패한 기버는 지나치게 희생하거나, 타인의 요구에 무조건적으로 반응해 결국 번아웃에 이르거나 악용당하기 쉽다.

사전적 정의 활용하기

사전적 정의를 활용하는 건 간단하지만 글의 전문성을 높여 주는 유용한 기술이다. 일상에서 무심코 사용하는 단어 중 하나를 골라 정확한 의미를 찾아보는 것에서 시작하는 방식이다. 하나의 단어 또는 하나의 글자를 조명하고 깊이 파고들면, 잘 알고 있다고 생각했던 대상이 실은 잘 모르고 있었다는 사실을 깨닫게 된다. 새로운 소재나 아이디어를 떠올리는 촉매가 되기도 한다.

자기발견 워크숍에서 일의 철학을 정의할 때 '내 이름의 의미'를 탐구했던 기억을 떠올려보자. 이름의 한자 뜻을 살피거나 어원을 둘러보는 과정에서 자신의 정체성과 가치관을 재발견할 수 있었다.

글을 쓸 때 네이버 국어사전, 한자사전, 영어사전을 항상 열어놓자. 국어사전은 단어의 유의어와 반의어를 제시해 어휘를 확장하는 데 도움을 준다. 같은 단어를 반복적으로 사용하면 글이 단조로워지기 때문에 다양한 표현을 통해 글의 생동감을 살리는 것이 중요하다. 네이버 한자사전은 각 글자의 어원을 그림과 함께 설명한다. 글자의 역사적 배경을 이해할 수 있고, 자기만의 의미로 글자를 재정의하는 데 도움이 된다. 실무에서 습관적으로 영어로 된 용어를 쓰고 있다면 혹시 우리말로 순화할 수 있는지 찾아보자. 챗 GPT와 같은 AI 도구를 활용하면 특정 단어의 의미를 다각도로 탐구할 수 있다.

글에서 중요한 역할을 하는 핵심 단어의 의미를 먼저 정의하고 글을 쓰면, 전체적인 논리를 풀어가기가 훨씬 수월하다. 더 나아가 특정 단어의 본래 의미와 전문가로서 관점을 담은 자신의 해석을 대조해 보여주면 글에 깊이와 개성을 더할 수 있다.

음성 인식 앱 활용하기

생각을 글로 쓰는 것보다는 말하는 게 더 쉽다고 느껴질 때가 있다. 자신이 쓰려고 하는 주제에 대해 가까운 지인에게 설명해보자. 혹시 실제로 대화할 상대가 없다면, 가상의 청자를 떠올리고 평소처럼 말해보는 것도 좋다. '내가 이런 생각을 하고 있었나?' 싶은 의외의 생각 조각이 드러날 수 있다. 이를 음성 인식 앱으로 녹음해 텍스트로 변환한다. 예를 들어, 이렇게 시작해볼 수 있다.

"나 ○○○에 대한 글을 쓸 거야."
"무슨 내용인데?"
"아직 다 정리한 건 아니지만, 대략 어떤 내용이냐면…."

음성 인식 앱은 말을 텍스트로 자동으로 변환해주고, AI 요약 기능도 제공한다. 앱을 사용하는 이유는 목소리를 다시 듣기 위해서가 아니라 초벌 텍스트를 획득하기 위해서다. 완전한 백지에서 시작하지 않아도 되기 때문에 글쓰기에 대한 심리적인 부담을 줄일 수 있다.

음성 인식 앱의 또 다른 장점은 직접 타이핑할 수 없는 상황에 있을 때 빠르고 간편하게 기록할 수 있다는 점이다. 중요한 생각이 금방 사라질 수 있는 순간에 앱을 열고 말로 기록하면 아이디어를 놓치지 않을 수 있다. 대표적인 음성 인식 앱으로 '클로바노트'가 있다.

글쓰기 십계명 만들기

경험, 지식, 사유만큼 중요한 한 가지가 더 있다. 바로 관점이다. 관점은 글 쓰는 사람의 태도이자 가치관이며 세상을 해석하는 방식이다. 글은 개인적 차원을 넘어 공공성을 의식해야 한다. 독자에게 미칠 영향을 고민하고, 이를 통해 공동체에 기여하며 함께 일하고 싶은 사람으로 성장하는 기반이 되어야 한다. 관점이 곧 정체성이다.

이런 맥락에서 글을 쓰는 사람으로서 자신만의 '글쓰기 십계명'을 만들어보기를 권한다. 십계명은 스스로 정한 자기 원칙이다. '나는 이렇게 살고, 이렇게 쓰겠다'라는 선언이다. 작성할 때 지켜야 할 것(Do list)과 하지 말아야 할 것(Don't list)을 구분하면 더 명확한 지침이 된다.

나에게도 글쓰기 십계명이 있다. '전문성이 드러나는 진정성 있는 글, 오래 곁에 두고 보는 글, 실질적인 도움이 되며 옆 사람에게 공유하고 싶은 글을 쓰고 싶다'라는 생각을 바탕으로 만들었다. 이 기준들은 글을 쓸 때 길을 잃지 않도록 안내하는 등대 역할을 한다. 나는 이러한 관점이 세련된 필력보다 글의 본질을 결정하는 근본적인 요소라고 믿는다.

저자의 글쓰기 십계명 예시

Do list

1. 실제 자기 경험을 포함한다.
2. 디자이너의 관점으로 생각을 풀어가는 과정을 보여준다.
3. 이미지를 활용해 핵심을 시각적으로 요약한다.
4. 할 수 있는 말만 한다. 억지로 꾸며내지 않는다.
5. 실질적으로 유용한 정보를 제공한다.
6. 최소 기준을 높이고 완성도를 포기하지 않는다.
7. 구성이 잘 짜인 글을 쓴다.

Don't list

8. 하나마나한 뻔한 말은 하지 않는다.
9. 알맹이 없는 낚시성 글은 쓰지 않는다.
10. 누군가에게 상처를 줄 수 있는 내용은 신중히 걸러낸다.

05

가독성을 키워주는 Tip 7

가독성이란 '쉽게 읽을 수 있는 정도'를 말한다. 독자가 도중에 이탈하지 않고 끝까지 읽게 하려면 어떻게 해야 할까? 매끄러운 글을 쓰는 순서는 다음과 같다.

1. 보편적인 소재와 나만의 깨달음 활용

누구나 공감할 수 있는 경험이나 질문으로 시작하면 글 속으로 쉽게 진입할 수 있다. 그렇다고 결론까지 뻔하면 재미없는 글이 되기 때문에, 마지막에 글의 초반 내용을 언급하면서 나만의 깨달음과 연결시켜 개성 있는 글이 되도록 한다.

2. 아무리 길어도 메시지는 하나

글에는 언제나 중심 메시지가 있어야 한다. 글 전체의 핵심을 담은 '한 줄'에서 시작한다. 그러나 메시지가 아무리 명확해도 그 한 줄만으로는 무게감이 부족하다. 그래서 경험과 지식, 문장력을 동원해 살을 붙인다. 하나의 글에는 하나의 메시지만 있고, 모든 문장은 그 한 줄을 전달하기 위해 존재한다는 마음으로 쓴다.

✓ 3. 일관성 있는 자연스러운 전개

글을 쓰기 전에 전체적인 흐름을 구상한다. 민토 피라미드를 활용하자. 임시로 제목과 소제목을 짓고 흐름이 자연스러운지, 뒤의 내용이 앞의 내용을 잘 받아주고 있는지 점검한다. 문단에서 그다음 문단으로 넘어갈수록 점차 구체적인 이야기를 함으로써 전하려는 메시지와 가까워지도록 신경 쓴다.

✓ 4. 문단 안의 전개

하나의 문단 안에도 흐름이 있다. 문장들이 이리저리 튀는 게 아니라 뒷문장이 앞문장을 잘 받아주고 있는지 확인해야 한다. 만일 생소한 용어를 소개했다면 그에 대한 보충 설명을 충분히 해야 한다. 또한 문단의 첫 문장과 마지막 문장이 앞뒤 문단과 잘 밀착하고 있는지 살핀다. 너무 긴 문단은 나누는 것이 좋다. 열 줄, 스무 줄씩 길게 이어지면 읽는 동안 숨 쉴 틈이 없다. 읽기 좋을 만큼 의미 단위로 덩어리를 나눠 문단 사이에 여백을 두면 독자의 부담을 줄일 수 있다.

✓ 5. 문장의 리듬

리듬감을 고려한다. 긴 문장, 짧은 문장, 중간 길이의 문장을 적절히 섞어 변화를 준다. 한 문장에 너무 많은 내용을 담으려 하지는 않는지, 비슷한 길이의 문장이 반복되어 지루하지는 않은지, 단문만 나열해 글이 뚝뚝 끊기는 느낌은 아닌지 확인한다. 또한 적절한 접속사로 문장 간의 흐름을 자연스럽게 연결하는지도 살핀다.

문장 끝 어미가 반복되어 '~다, ~다, ~다'로만 끝나지 않도록 주의하자. 중간중간 어미를 다양하게 바꾸어 '~다, ~니까, ~일까?'와 같은 리듬을 만들어주면 더 자연스럽다.

✓ 6. 일상의 단어

업계 전문가를 대상으로 한 글이 아니라면 어려운 용어 사용은 피한다. 부득이하게 사용해야 한다면 반드시 보충 설명을 덧붙인다. 본인이 새롭게 정의한 용어 역시 설명이 필요하다.

한 문단 안에서 같은 단어가 반복되지 않았는지 확인하고, 같은 의미의 다른 표현으로 바꿔 지루함을 줄인다. 습관적으로 사용하는 영어 단어는 대체할 수 있는 우리말을 찾아보자. 이를 위해 글을 쓸 때는 국어사전을 곁에 두는 것이 유용하다.

마지막으로 오탈자를 점검하고, 반복해서 읽으며 단어, 조사, 접속사, 어미 등을 꼼꼼히 다듬는다.

✓ 7. 1~6번 반복

이렇게 큰 틀에서 작은 부분으로, 다시 작은 부분에서 큰 틀로 여러 번 줌인과 줌아웃을 반복하며 '쉽게 전달하기'를 방해하는 크고 작은 장애물을 치운다. 생각은 글자라는 도로를 타고 독자의 머릿속으로 전달된다. 눈에 보이지 않는 생각을 온전히 전달하는 일은 불가능하기에, 가능한 한 누락이나 오해 없이 매끄럽게 전달될 수 있도록 도로를 다듬어야 한다.

글에는 언제나 중심 메시지가 있어야 한다.

글에는 하나의 메시지만 있고, 모든 문장은 그 한 줄을
전달하기 위해 존재한다는 마음으로 쓴다.

06

퇴고 필수 체크 리스트

초보자일수록 처음부터 완벽한 글을 쓰려고 한다. 머릿속 생각을 한 번에 써내려간다는 생각은 글쓰기를 고통스럽게 만드는 잘못된 환상이다. 글은 쓰는 것이 아니라 고치는 것이다. 더 정확히 말하자면 '고치기를 수없이 반복'하는 행위다. 초고를 쓰는 것은 단지 시작이다. 그 이후 수정하고 다듬는 퇴고 과정이 진짜 글쓰기다.

전문 작가일수록 고쳐 쓰기의 중요성을 강조한다. 대작가 어니스트 헤밍웨이Ernest Hemingway는 '모든 초고는 쓰레기다'라고 말했다. 그는 『노인과 바다』의 첫 문장을 200번이나 고쳐 썼다. 수십 권의 과학 대중서를 쓴 생물학자 최재천 교수님도 말했다. '글은 미리 쓰고 100번 고치는 것'이라고.

기본적인 글의 형식 지키기

세부적인 퇴고 체크리스트를 보기 전에 글의 기본 형식을 점검해보자. 온라인 글쓰기, 특히 블로그의 '맛집 소개'와 같은 홍보성 글에서 흔히 드러나는 잘못된 습관이 있는데, 신뢰감 있는 글을 쓰고 싶다면 이러한 점에 주의해야 한다. 아래 체크리스트로 자신의 글을 검토하자.

✓ 1. 좌측 정렬한다

중앙 정렬하지 말자. 좌측 정렬이 기본이다.

✓ 2. 엔터키는 문단이 끝났을 때 친다

문장이 끝나지 않았는데 두 단어, 세 단어 단위로 엔터키를 쳐서 줄 바꿈을 하고 있지는 않은가? 또는 한 문장이 끝날 때마다 엔터키를 치고 있지는 않은가? 엔터키는 문단 단위로 치는 것이 기본이다.

✓ 3. 중요한 부분만 강조한다

밑줄, 굵은 글씨, 알록달록한 색, 이모티콘…. 블로그에서 사용할 수 있는 모든 기능을 활용해 글을 꾸미는 경우가 많다. 지나친 장식은 글의 가독성과 품위를 떨어뜨린다. 가능한 한 색을 넣지 말자. 밑줄, 굵은 글씨, 글씨체 변경은 정말 중요한 부분에만 사용한다.

✓ 4. 글을 발행하기 전에 맞춤법 검사를 한다

띄어쓰기가 틀리거나 오탈자가 있으면 글의 신뢰를 떨어뜨린다. 맞춤법 검사 후 글을 발행하는 건 최소한의 절차다.

퇴고 체크 리스트 14

1. 전체 흐름이 어색하다면 문단의 순서를 바꾸거나 과감히 삭제한다. 초보자들은 어렵게 쓴 문장이 아까워서 쉽게 지우지 못한다. 전체 흐름상 맞지 않으면 지워야 한다. 삭제한 문장을 모아두는 메모장을 따로 만들자.
2. 생각은 작은따옴표(‘’)로, 대화나 책의 문장을 인용할 때는 큰따옴표(“”)를 사용한다.
3. 국어사전에서 정확한 표현을 쓰고 있는지 확인한다.
4. 너무 긴 문장은 나눈다. 불필요하게 늘려 쓰지 않는다.
5. 일상어로 쓴다. 한자어, 외래어는 가능한 한 쓰지 않는다.
6. ‘~인 것 같다’라는 표현은 자신감이 없어 보인다. ‘~이다’로 쓴다.
7. 한 문장, 한 문단에서 같은 단어가 여러 번 나오지 않도록 중복 표현을 지양한다. 같은 의미의 다른 단어로 교체하자.

8. 숫자로 표현하면 글이 더 명확해진다. (예 : 키 큰 사람 → 188cm인 사람)

9. 숫자가 틀렸는지 확인한다. 수치로 표현한 내용은 틀리지 않았는지 두 번, 세 번 확인해야 한다. 틀린 숫자는 글의 신뢰를 떨어뜨린다.

10. 꼭 넣어야 하는 접속사가 아니면 생략한다.

11. 자신이 주체일 때는 가능한 수동태가 아닌 능동태를 쓴다. (예 : ~라고 생각된다. → ~라고 생각한다.)

12. 대과거 시제는 쓰지 않는다. (예 : 였었다. → 였다.)

13. 문장 끝을 다양하게 바꿔 리듬감을 준다. 모든 문장이 '~다.'로만 끝난다면 몇몇 문장은 '~까?', '~했으니', '~라서', '~이기 때문에' 등 다른 형태로 수정해보자.

14. 인용할 때 출처를 기입한다.

초고를 쓰는 것은 단지 시작이다.

그 이후 수정하고 다듬는 퇴고 과정이 진짜 글쓰기다.

07

네트워크,
함께 나누고 독려하며
성장하기

결심만 하고 실행하지 못하는 이유는 무엇일까? 습관 형성 전문가 제임스 클리어James Clear는 사회적 환경의 영향을 강조한다. 주변 사람들의 기대가 행동에 큰 영향을 미친다는 의미다. 우리는 국가, 가족, 회사, 동호회 등 여러 그룹에 속해 있으며, 각 그룹은 구성원에게 특정한 행동을 기대한다. 만약 '내가 원하는 행동이 정상으로 여겨지는 그룹'에 속한다면 결국 그 기대에 맞춰 행동하게 된다. 발전하려는 욕구와 소속되고자 하는 욕구가 결합할 때 비로소 습관이 형성된다.

나 역시 오랜 시간 글쓰기를 배우기만 했고, 실제로 글을 쓰는 일은 미뤄왔다. 그러다 3개월 동안 주 1회 글을 쓰는 모임에 참여하면서 본격적으로 글쓰기를 시작할 수 있었다. 친해지고 싶은 사람들이 모인 성실하고 진지한 모임이었다. 함께 쓰는 환경은 포기를 어렵게 만든다. 습관은 나를 둘러싼 문화 속에서 자연스럽게 몸과 마음으로 스며든다.

글쓰기를 시작하려면 적절한 환경을 설정해야 한다. 사람을 움직이는 건 이성이 아닌 감정이다. 책임감을 동력으로 삼고, 신뢰를 기반으로 주변과 연결되는 경험을 쌓자. 네트워크를 활용해 함께 성장하는 방법을 소개한다.

공유하기

글을 썼다면 가까운 동료나 친구들에게 공유해보자. 이를 통해 글쓴이는 피드백을 받고, 동료와 친구는 유용한 정보를 얻을 수 있다. 예를 들어, 후배에게 말로 알려주던 노하우를 글로 정리하거나, 동료들에게 필요한 정보를 큐레이션 해서 제공하는 것이다. 이는 조직 내에서 '지식을 나누는 사람'으로서 존재감을 키우는 데 효과적이다.

더 적극적으로는 커뮤니티에 글을 공유하는 방법이 있다. 네이버 카페나 카카오톡 오픈채팅 등 업계 관련 커뮤니티를 찾아 글을 소개하자. 주력 채널에 글을 올린 뒤, 커뮤니티에 링크를 공유하고 요점과 유용성을 간략히 설명하면 좋다. 커뮤니티에는 비슷한 관심사를 가진 사람들이 많기 때문에 예상치 못한 관심과 피드백을 받을 수 있다. 새로운 네트워크를 만들거나 기회를 얻는 계기가 될 수도 있다.

함께 쓰기

글쓰기를 시작하기 어렵다면 주변 사람들에게 함께 쓰기를 제안해보자. 먼저 제안한 만큼 책임감이 생겨 더욱 열심히 참여할 수 있다. 이때 시즌제로 접근하면 부담을 줄일 수 있다. 예를 들어, "딱 3일만 같이 써보자" 또는 "한 달 동안 주 1회, 총 4번 만나보자"처럼 단순하고 실행이 가능한 목표를 설정하는 것이다. 짧은 목표는 성공 확률이 높다. 글을 쓰는 커뮤니티에 참여하는 것도 좋은 방법이다. 커뮤니티 활동을 통해 글을 공유하고 피드백을 주고받으며 관계를 쌓을 수 있다. 이는 글쓰기뿐만 아니라 개인 브랜딩에도 도움이 된다.

더 큰 성장을 원한다면 직접 커뮤니티를 만들어보자. 커뮤니티 이름을 정하고, 활동 규칙을 설정한 뒤 사람들을 모집한다. 중요한 건 '잘해서'가 아니라 '잘하고 싶은 사람'으로서 주도적으로 나서는 것이다. 자리를 만들면 뜻이 맞는 사람들이 자연스럽게 모인다. 망설이던 사람들뿐만 아니라 이미 글을 잘 쓰는 사람들도 단지 함께하고 싶기 때문에 참여한다. 커뮤니티 운영은 글쓰기 습관을 기르는 것을 넘어 업계에서의 영향력과 존재감을 키우는 강력한 도구가 된다.

우리, 온라인에서 만납시다

저자로서의 가능성을 처음으로 알아봐주고, 긴 시간 동안 기다려준 편집자에게 깊은 감사를 전한다. 하고 싶은 이야기를 온전히 담을 수 있도록 지지하고 이끌어준 덕분에 원고를 완성할 수 있었다.

책을 쓰는 과정은 나를 다시 발견하는 여정이었다. 처음에는 그저 오랜 경험과 생각을 정리하는 작업이라 여겼지만, 글을 쓸수록 깨달았다. 기억하는 것보다 훨씬 많은 것이 나에게 영향을 미쳤다는 사실을. 일하며 쌓인 경험, 사람들과 나눈 대화, 그리고 독서로 얻은 통찰이 자연스럽게 이 책 곳곳에 스며들어 있다.

지식은 빙산과 같다. 명확히 인식하는 것은 수면 위로 드러난 일부에 불과하며, 그 아래에는 훨씬 거대한 암묵지가 존재한다. 이 책을 쓰는 내내 나는 바로 그 수면 아래를 탐험했다. 때로는 깊이 잠수해 보이지 않는 영역을 더듬어야 했고, 때로는 수면 위로 올라와 멀리 바라보며 방향을 가늠해야 했다.

그 과정에서 가장 인상 깊었던 건, 예전에 읽은 책들이 예상치 못한 순간에 모습을 드러냈다는 점이다. 글을 쓸 때마다 서재로 달려가 문득 떠오르는 옛 책을 다시 펼쳤고, 언제나 새로운 실마리를 얻었다. 마치 오랜 친구를 만나 이전과는 다른 대화를 나누는 듯했다.

책 쓰기는 나에게 '졸업'이다. 하나의 주제를 깊이 연구하고 글로 정리하면서 그 주제를 온전히 소화한다. 그리고 어느 순간, 내가 쓴 글이 다시 나를 가르친다. 이제 나는 졸업을 자축하며 새로운 주제로 진학할 채비를 하고 있다.

이 책을 읽는 여러분이 독자이기보다 나의 동료이기를 바란다. 일터에서 자기만의 주제를 연구하는 평생 학생이기를, 각자의 자리에서 커리어 역사를 만들어가는 평생 현역이기를 바란다. 그리고 언젠가, 각자의 채널과 콘텐츠로 서로 연결될 날을 기대한다.

우리, 온라인에서 만납시다.

커리어 브랜딩 글쓰기

초판 1쇄 인쇄 2025년 3월 14일
초판 1쇄 발행 2025년 3월 26일

지은이 이진선
펴낸이 최순영

출판1 본부장 한수미
라이프 팀장 곽지희
편집 김소현
디자인 김준영

펴낸곳 ㈜위즈덤하우스 **출판등록** 2000년 5월 23일 제13-1071호
주소 서울특별시 마포구 양화로 19 합정오피스빌딩 17층
전화 02) 2179-5600 **홈페이지** www.wisdomhouse.co.kr

ISBN 979-11-7171-389-9 03190